Hans-Joachim Maaz, geboren 1943, ist seit 1980 Chefarzt der Psychotherapeutischen Klinik im Evangelischen Diakoniewerk Halle. Gegen die Tabus des SED-Staates kämpfte er für psychoanalytische und körperorientierte Therapieformen in der DDR. Maaz ist Mitbegründer der »Akademie für psychodynamische Therapie und Tiefenpsychologie«, von 1989 bis 1991 war er Vorstandsmitglied der »Gesellschaft für Psychotherapie, Psychosomatik und Medizinische Psychologie der DDR«. Durch zahlreiche Vorträge und Diskussionsbeiträge in Presse, Funk und Fernsehen ist Maaz in ganz Deutschland weit über die Fachöffentlichkeit hinaus bekannt.

Von Hans-Joachim Maaz ist außerdem erschienen:

Der Gefühlsstau (Band 77010)

Dieses Buch wurde auf chlor- und säurefreiem Papier gedruckt.

Vollständige Taschenbuchausgabe März 1993
Droemersche Verlagsanstalt Th. Knaur Nachf., München

Umschlaggestaltung Adolf Bachmann, Reischach
Druck und Bindung brodard & taupin
Printed in France
ISBN 3-426-80001-2

2 4 5 3 1

Hans Joachim Maaz

Das gestürzte Volk

oder die unglückliche Einheit

Knaur

Inhalt

Ossi: Wir sind ein Volk!
Wessi: Wir auch!

Vorwort

Ein Jahr Deutsche Einheit. Ich lebe in Freiheit. Sehnlichste Wünsche – jedenfalls solche, die ich dafür hielt – haben sich erfüllt: Ich reise frei herum, ich sage unzensiert meine Meinung, ich finde Zugang zu allen Informationen, die ich brauche, ich darf Menschen treffen und sprechen, wie ich will, ich verdiene mehr Geld, ich renoviere ein altes Haus, um endlich (48jährig!) aus einer 30-qm-Neubauwohnung zu entkommen, und ich habe einen wunderbaren neuen Gebrauchtwagen aus dem Westen. Endlich ein richtiges Auto! Jetzt merke ich erst mal, was ich mir mit Trabi und Wartburg angetan habe. Doch halt, meinen alten Wartburg habe ich noch nicht verschrottet, obwohl der den nächsten TÜV nicht mehr überstehen wird, weil er zu viel Rost angesetzt hat. An ihm klebt auch noch, ziemlich einsam, das alte DDR-Schild, das ich, als es einem müden Abkratzversuch nicht weichen wollte, einfach beließ. Inzwischen mache ich mir ernsthaft Gedanken, was das wohl bedeuten könnte, weil ich mich damit immer mehr allein sehe, fast alle haben inzwischen ihre »Nationalität« gewechselt. Eine Weile war ich noch motiviert durchzuhalten, nämlich als ich gehört hatte, daß es sogar Strafzettel dafür geben könnte – ich weiß nicht, ob es ein Gerücht ist oder Tatsache –, jedenfalls der Gedanke daran, ließ es mich nun trotzig spazierenfahren, in der Hoffnung, bei dieser Groteske Mitspieler sein zu können. Obwohl ich also mit dem Heck meines alten Freundes still meine Trauer klagte, fand ich dennoch keinen Richter. Die bundesdeutschen »Volkspolizisten« sind halt nicht mehr so empfindlich. Und überhaupt – die Freundlichkeit jetzt überall auf den Behörden, trotz der unvorstellbaren Bürokratie, wie einfach und klar war da doch das alte Leben. Aber Nostalgie hilft nicht – dafür ist es auch zu ernst!

Übrigens mein japanisches Auto – ein französisches hätte ich auch genommen, aber ein deutsches? – hat natürlich ein D am Hintern. Was für ein deutsches Auto hätte ich auch nehmen können? Den Golf fuhren schon die Neureichen der DDR, bei Opel assoziiere ich Manta, Mercedes und BMW sind die Prestigekutschen, die man fahren muß, wenn man's nötig hat. Also, das richtige Auto benutze ich auch auf meinen »Geschäftsreisen« in den »alten Bundesländern« und die »Rostlaube« nehme ich für meine Privatfahrten in den »neuen Bundesländern«. Neues Auto – alte Länder, altes Auto – neue Länder. Dies ist ein Abbild meiner verwirrten Identität, aber durchaus treffend!

Der Identitätsbruch ist auch der Grund, weshalb keine rechte Freude aufkommen will. So viel gewonnen und doch nicht zufrieden? Ich lebe in zwei Welten und bin in keiner wirklich zu Hause. Daheim bin ich nur bei mir, doch da ist etwas passiert: Ich bin aufgescheucht, irritiert, gereizt und irgendwie tief beunruhigt, häufig auch einfach überfordert. Das Letztere habe ich mir selbst eingebrockt mit dem »Gefühlsstau«, den ich mir vor einem Jahr von der Seele schrieb. Aber das hat nicht lange geholfen, inzwischen beginne ich tiefer zu begreifen, was mir geschieht und wie ich mich dagegen zu wehren versuche.

Ich stecke mitten in einem Verlust-Syndrom, das ich nicht annehmen wollte, solange ich es als DDR-Verlust-Syndrom diagnostizierte. Da hatte ich meinen Stolz: Das konnte doch nicht wahr sein, daß der Untergang dieses verachteten Systems, wenn ich es auch längst als ambivalent besetztes, gehaßtgeliebtes Objekt angenommen hatte, mich so zu irritieren vermochte. Erst die persönlichere Perspektive, der ich bei meiner Arbeit als Psychotherapeut nicht entgehen konnte, konfrontierte mich mit den Begriffen »Trennung« und »Orientierungsverlust«. Da liegen sehr viele Affekte drin, die ich erst allmählich zulassen und integrieren kann, und längst bin ich damit noch nicht fertig. Ein Kritiker, der mich offensichtlich beson-

ders verletzen wollte (er wird schon seine Gründe dafür haben!), hat nichtsahnend mir dabei ein wenig geholfen, als er schrieb: »Tatsächlich sind alle Vorwürfe, die Maaz dem Staat macht, in dem er aufgewachsen ist, bei Licht besehen damit begründet, daß er ihn fälschlicherweise zum Muttersatz gemacht hatte. Nun kann man, wenn man will, gewiß im einstigen SED-Staat einige mütterlich-fürsorgliche Züge entdecken; daß man seine Abhängigkeit von diesem Staat aber nach dessen Sturz mystifiziert, indem man ihn zur bösen Stiefmutter erklärt, die einem sogar das Fühlen verboten habe, zeugt von einem Defizit, an dem dieser Staat sicher unschuldig ist.« Wie recht hat dieser feindselige Mann, schönen Dank! Nur mit »fälschlicherweise« komme ich nicht ganz klar – so war es wirklich! Oder meinte die Kritik, ich hätte es nicht tun dürfen?

Mir war schon längere Zeit bewußt, daß das, was wir Therapeuten vornehm bagatellisierend unsere »Restneurose« nennen, bei mir zur »Vollneurose« aktiviert war. Mit der »Wende« war mein mühsam erworbenes DDR-Gleichgewicht so sehr labilisiert, daß ich praktisch einen akuten Rückfall in alte, überwunden geglaubte Störungen und Behinderungen erlebte. Mein eigenes innerseelisches Abbild der Spaltung Deutschlands wird mir erst jetzt allmählich zugänglich. Ich muß mich erneut mit inneren Abspaltungen auseinandersetzen und um Integration bemühen. Mein bisheriger Therapieerfolg galt für DDR-Bedingungen, nicht für das ganze Deutschland. (Und was habe ich noch zu gewinnen, um mich als »Weltbürger« erleben zu können?) Was ich längst wußte, hatte ich für mich nicht gelten lassen wollen, wie sehr die äußeren Grenzen auch die inneren Grenzen bestimmen. Wie absurd also Vorstellungen von Gesundheit in nur organmedizinischem oder von Freiheit in bloß nationalem, demokratischem und kulturell-abendländischem Denken sind.

Was sich in der Therapie von Patienten immer wieder vorsichtig andeutete, wurde mir erst in einer Ausbildungsgruppe von Ärzten und Psychologen, die ich seit Jahren leite, richtig bewußt. Unsere Vertrautheit miteinander und der uns gewohnte körpertherapeutische Zugang halfen, lebensgeschichtlich sehr frühes seelisches »Material« zu aktivieren. Wir waren als Selbsterfahrungsgruppe zusammengekommen und stellten sehr bald fest, daß eine tiefe Lethargie alle Arbeit lähmte und wie eine Dunstglocke atmosphärisch die Gruppe belastete. Es waren Ratlosigkeit und eine bedrohliche Verzweiflung spürbar. Nach und nach eröffneten sich in der regressiven Arbeit existenzielle Ängste von Einsamkeit, Verlassenheit und Verlorensein. Es kamen erschütternde Erinnerungen und Erfahrungen von frühen Trennungen, Heimaufenthalten, Tod der Mutter, ein nichterwünschtes Kind, niemals wirklich angenommen und bestätigt worden zu sein, in unser Bewußtsein. Die lebensbedrohliche Qualität dieser Gefühlszustände und ihre massive Präsenz waren mir in diesem Umfang neu und erklärten die massiven Widerstände in der Gruppe. Mit der Annahme dieser emotionalen Erinnerungen brachen sich auch die aktuellen Erschütterungen der persönlichen und beruflichen Existenzen schmerzhaft und zornig ihren Weg. Alle waren zutiefst verunsichert durch die neuen Verhältnisse, die durch die »Wende« und die deutsche Vereinigung verursacht sind. Da waren ganz offensichtlich auch sehr frühe Bedrohungen wieder wund gerissen worden, die mühevoll abzuwehren die belastende Apathie in der Gruppe bewirkt hatte. Jetzt begriff ich auch die tiefe Traurigkeit, die in den wenigen stillen Stunden, die ich mir seit der »Wende« ließ, immer wieder in mir hochkroch, die ich aber noch nicht wirklich zulassen mochte oder jedenfalls nur sehr gebremst.

Uns wurde verständlich, daß wir zu DDR-Zeiten diese tiefen Erfahrungen von Verlorensein therapeutisch weder bei uns noch bei unseren Patienten wirklich durchgearbeitet hatten, weil damit unser Leben in dem Käfig vermutlich unerträglich geworden wäre. Die Kluft zwischen befreitem Lebenswillen, nicht mehr zu hemmen durch die verdrängte Drohung der Ablehnung und Trennung, und der realen Lebensmöglichkeit in der Enge der DDR wäre zur schweren Krise herangewachsen. Davor hatten wir uns zu schützen gewußt. Das gehörte zu unserer DDR-Identität. Und ich war vor einer notwendigen existentiellen Erschütterung, die ich schon längst in mir trug, in eine hypomanische Vielgeschäftigkeit geflohen. Von der bösen Stiefmutter in die Arme der verführerischen Hexe!

Ich hatte mich mit einer persönlichen Meinung in die Öffentlichkeit gewagt und geriet – mehr als mir recht war oder genauer gesagt, mehr als gesund für mich war – in die Schlagzeilen. Das Ungesunde für mich, für einen »gelernten DDR-Bürger«, waren die vielfältigsten Angebote, Aufforderungen und Nachfragen der Medien und die sehr verlockenden Einladungen zu Vorträgen, Seminaren und Diskussionen, denen ich mich nicht zu entziehen vermochte. Aus einem Leben der düsteren Enge und Eintönigkeit, des verordneten Schweigens stürzte ich mich in die Weite und Vielfalt und in das Rauschen der Stimmen. Ich kann mich inzwischen wie einen bunten Falter vor einer Lichtquelle sehen, zwar unermüdlich, emsig und geschäftig, doch das erhoffte Ziel nie erreichend. Ich fühle mich manchmal wie in Trance, d.h. ich funktioniere und erfülle meine vereinbarten Aufgaben, doch ich bin nicht immer wirklich da, dort wo ich bin. Die Seele läßt sich nicht so schnell von einem Ort zum anderen transportieren.

Manche Termine waren nur noch mit Hilfe von Flugzeugen einzuhalten: Frühstück zu Hause, mittags in Köln, abends in Hamburg und am nächsten Morgen schon wieder in Berlin. Die Orte waren dadurch entseelt, funktional austauschbar, und nicht immer wußte ich sofort, wo ich mich befand, wenn ich aus dem Schlaf erwachte. Es war eine Wirklichkeit, die ich nicht wirklich fassen konnte. Ich hatte mich zugemacht, meine Seele schützend, und funktionierte einfach. Noch nie war mir die wachsende Kluft zwischen der äußeren Ordnung und dem inneren Chaos spürbarer, doch ich fand noch keine Brücke zwischen den beiden Zuständen. Wenn ich gefragt wurde, ob ich lieber in einem Hotel oder privat bei dem jeweiligen Gastge-

ber nächtigen wollte, zog ich in der Regel das Hotel vor, um einen halbwegs sicheren Ort des Rückzugs zu haben, denn für Smalltalk stand mir nach einem anstrengenden Tag nicht mehr der Sinn, und in einer persönlicheren Beziehung hätten mich meine Gefühle eingeholt.

Als ich an einer Psychotherapietagung teilnahm und dort einen Vortrag zur deutsch-deutschen Situation nach der Vereinigung hielt, waren in mir offenbar eine Menge Gefühle aktiviert, aber nicht wirklich zugelassen. Zum geselligen Abend gab es dann ein Angebot zum gemeinsamen Tanz nach einem Trommelrhythmus im romantischen Schloßhof des Veranstaltungsortes. Eine verlockende Kulisse. Ich wollte mich nicht heraushalten, ich kenne meine befreiende Lust an ausgelassener Geselligkeit – doch ich empfand auch Widerwillen, den ich aber unterdrückte, als ich mir sagen lassen mußte, daß wir im Osten doch wohl nicht derart interessante und exotische Tagungserlebnisse kennen würden. Sollte ich jetzt etwas davon sagen, wieviel Workshops ich mitgemacht hatte – die meisten zugegebenermaßen illegal, aber dadurch immerhin so satt von der aufgesetzten Selbsterfahrungsmasche bin, wie sie sehr häufig im Westen verkauft wird. Auch das gehört eben zum westlichen Lebensstil, daß sich psychische Zustände und Erfahrungen zu Übungen und Spielen vermarkten lassen. Und viele Leute sind offenbar bereit, dafür viel Geld auszugeben. Ich habe dies auch als Ablenkung und Abreaktion kennengelernt und häufig als bloß interessante Übungen, die ansonsten weder in das eigene noch in das gesellschaftliche Leben integriert wurden. Von dieser Vermarktung der menschlichen Unzufriedenheit hatte ich mich gerade emanzipiert, da wird sie mir erneut feilgeboten. Ich wurde starr und steifer und war froh, daß es genug Westler mit dem Bedürfnis zur Selbstdarstellung gab, so daß ich mich unauffällig herausnehmen konnte. Jetzt fand ich Gelegenheit und Kontakt, mir meine Traurigkeit, meine Einsamkeit und Verlorenheit bewußt zu machen, die ich in meinem Vortrag provoziert, aber nicht zu fühlen gewagt hatte. Der

DDR-Verlust hat mich stärker aus der Bahn geworfen als ich je gedacht hätte. Doch es geht auch nicht um die DDR dabei, sondern um einen inneren Prozeß, dem ich nicht mehr ausweichen kann, der durch die »Wende« unvermeidbar geworden ist.

Ich war in ein neues Leben gestoßen, das ich zunächst mehr geschehen ließ, als daß ich es wirklich gestaltet hätte. Ich genoß das Neue, Abenteuerliche: die Verlockungen eines bunten, abwechslungsreichen und spannenden Lebens – eines nach außen expandierenden Lebens –, das auch meinem Geltungsbedürfnis Pfauenfedern aufsteckte. Meine DDR-Rolle war zwar auch nicht unbedeutend, doch mußte ich häufig genug mit ansehen, wie ganz einfach Dummköpfe und Gesinnungslumpen das große Sagen hatten, meinem Leben bornierte Grenzen setzten und meinem Verhalten tatsächlich kleinkarierte und alberne Züge verleihen konnten, für die ich mich heute einfach schäme. Ich brauche nur einen Aufsatz aus meiner Schulzeit herauszunehmen, an die verlogenen Diskussionen mit den Funktionären des Systems zu denken, dazu die Beteuerungen erinnern, mit denen ich meine Loyalität dem System gegenüber faselte, wollte ich eine bestimmte Ausbildung, einen Beruf, eine Leitungsfunktion bekommen. Von den kleinbürgerlichen Normen ganz zu schweigen, die mich immer brav und tüchtig sehen wollten.

Mit dem »Gefühlsstau« hatte ich zum ersten Mal meine Meinung fast ohne Rücksicht auf das, was ich darf und muß, herausgelassen, und ich empfinde die Aufmerksamkeit, die mir zuteil wird, schon aus diesem Zusammenhang als berechtigt. Die eben gemachte Einschränkung des »fast ohne Rücksicht« zielt auf meinen Lektor, der mich davon zu überzeugen wußte, daß manche Formulierungen einfach zu affektgeladen waren, praktisch einem Pamphlet glichen, und wenn ich gelesen werden wolle, solle ich doch lieber manches erträglicher formulieren. Das war die erste Anpassung an das neue System – nicht mehr Zensur, sondern Verkaufszahlen geben jetzt den Ton an. Und das Ergebnis kann sich sehen lassen: Ich werde tatsächlich viel gelesen, es ist ein Bestseller, und damit habe ich auch alle Folgen der Vermarktung provoziert. Ich ringe seitdem mühsam zwischen Marktwert und Seins-Wert.

Obwohl ich die Vergangenheitsbewältigung und Trauerarbeit mit dem Zusammenbruch der DDR so entschieden eingeklagt hatte, tat ich dies selbst nur halbherzig und sehe mich auf einer Flucht nach vorn, von einem Orientierungs-Verlust-Syndrom befallen, das ich in der hektisch-aufgescheuchten Form austrage. Ich bereite mir Streß und bringe mich unter Termindruck. Aber nicht der Termindruck war das eigentliche Problem, auch nicht die Aufdringlichkeit mancher Journalisten, die den Markt mit Nachrichten bedienen wollen und auch nicht jene Rezensenten, die herummäkeln, um sich selber zur Geltung zu bringen oder sonst einen Affekt an mir abreagieren wollen – nein, vielmehr bin ich mit sehr freundlichen, liebenswerten, interessanten und interessierten Menschen in Kontakt gekommen, ohne daß aber eine Chance blieb (ich nahm sie mir jedenfalls nicht!), die Beziehung wirklich zu vertiefen. Es ist noch nicht so lange her, da hätte ich mir alle zehn Finger fein säuberlich abgeschleckt, um nur zu einem der vielen wertvollen Menschen Kontakt zu halten, die ich jetzt kennenlernen durfte. Im Käfig DDR war im verordneten Kontaktmangel (mitunter sogar Kontaktverbot) jeder Besuch, jedes Gespräch mit einem Fremden (Nicht-DDR-Bürger) wie ein Geschenk und hat eine belebende Brise von Weltoffenheit in den Mief des verrammelten Stalls gebracht.

Doch mit diesem »amerikanischen« Stil zu reisen und »Auftritte« zu absolvieren, war's leider noch nicht genug. Bei diesem Lebensstil mußte ich ganz zwangsläufig meine sehr persönlichen Dinge vernachlässigen: die Partnerschaft, die Kinder, die Freundschaften, die Arbeit und das Engagement für die Patienten und die Mitarbeiter und vor allem auch die Sorge um mein eigenes Wohlbefinden. Ich aß und trank mehr als mir gut tat, ließ die eigene therapeutische Arbeit schleifen, achtete wenig auf meine Gefühle und überließ meine Bewegung den Ver-

kehrsmitteln. In Hotels, deren Preiskategorie ich mir privat nicht leisten möchte, schlief ich mitunter nur ganz wenige Stunden und wenn ich tatsächlich mal ausschlafen konnte, wurde ich zumeist Opfer der ungewöhnlich reichhaltigen Frühstücksbuffets. Da diese Fülle kostenlos für mich zur Verfügung stand, schlug praktisch der ungestillte Mangel durch, und ich überfraß mich regelmäßig. Ich konnte schlecht verzichten und auswählen, ich wollte mich nicht bescheiden und möglichst von allem probieren. Am liebsten steckte ich mir noch heimlich etwas von den portionierten Leckereien ein – das Hamstern, das ich bereits als kleines Kind kennengelernt und in der DDR nie verloren hatte, brach sich wieder Bahn. Ich war voll in das betriebsame Leben des Westens eingetaucht, doch bekömmlich war es für mich nicht: Ich nahm an Gewicht zu, der Blutdruck stieg, und das Herz signalisierte mir, wie sehr ich aus meinem Rhythmus geraten war.

Hatte ich eine Entschuldigung dafür? Natürlich! Das wesentliche Motiv für den »Gefühlsstau« war, neben dem Bedürfnis zur Mitteilung nach dem langen aufgenötigten Schweigen oder der Phrasendrescherei, meine Enttäuschung über den Verlauf der »Wende« auszudrücken. Wir waren für kurze Zeit das »freieste Volk der Welt«, und als diese einmalige Aufbruchstimmung in der Realität des politisch-ökonomischen Alltags zerrann, wollte ich wenigstens meinen Beitrag zu unserer »Rettung« abgegeben haben. Es war auch der verzweifelt-zornige Aufschrei gegen das Verleugnen und Vertuschen und der ohnmächtige Entwurf einer Utopie gegen die Kraft realpolitischer Zwänge und gegen die Lawine irrationalen Ausagierens der Millionen, in deren Reihen ich mich schließlich selber wiederfand.

Das ist natürlich eine gute Erklärung, doch stimmt sie auch nur halb: Der »Gefühlsstau« hat mir eine Aufmerksamkeit geschenkt, die mich einige Zeit hoffen ließ, nun doch noch die Bestätigung und Zuwendung zu erfahren, die ich ehemals so gebraucht hatte. Die manipulativen Möglichkeiten des Westens hatten zugeschlagen und mich in Besitz genommen, ich bin diesen Verlockungen erlegen. Die alten Wunden bluteten wieder und wollten geleckt sein. Das versteht der Westen hervorragend – Schlecker-Lecker! Meine Neurose war zu DDR-Zeiten gut kompensiert, jetzt bin ich dekompensiert und werde »belohnt« dafür. Ich hatte mir hinter der Mauer eine innere Freiheit mühevoll und schmerzvoll erarbeitet, die ist jetzt zunächst mit der äußeren Freiheit hinweggespült. Ich bin expandiert und habe mich dann mitreißen und schließlich verführen lassen. Ich befinde mich manchmal wie in einem Rausch, der von den Drogen Medienrummel, Abwechslung, Zerstreuung, unterhalten wird. Ich bin in der Freiheit und habe meine Mitte verloren – zugegebenermaßen einen DDR-Verschnitt medialer Zentriertheit –, und ich lasse mich eher treiben und benutzen, als daß ich mich selbst bestimmen würde.

Der aktivierte innere Mangel und die äußeren verlockend-aufdringlichen Versuchungen geben das gefährliche Gemisch für eine Lebensweise, an der ich mehr leide als an den schlimmen Verhältnissen in der DDR, und ich vermag jetzt noch nicht zu sagen, wo und wie ich mich wiederfinden werde. Ich habe eben erst angefangen, mich durch den Verlust der DDR zu ganz frühen Verletzungen führen zu lassen und suche erneut nach den Möglichkeiten, die mich wirklich freier machen, und das sind meine Gefühle, meine Beziehungen und meine Authentizität.

Mit den Mechanismen, mit denen ich bevorzugt meine Defizite an primärer Annahme und Bestätigung zu kompensieren versuche, durch orale Befriedigung, durch Geltungsstreben und Arbeit, durch Vergnügungen und Zerstreuung, hatte ich in der eingemauerten DDR, die auch allen diesen Kompensationen »natürliche« Grenzen setzte, meinen Frieden gemacht. In den unbegrenzten Möglichkeiten des Westens wird mir dies erneut zum Problem. Die alte Ost-Identität stimmt nicht mehr, die neue Stabilität habe ich noch nicht gefunden, der westliche Einfluß hat jedenfalls viel Bedrohliches für mich, so daß mir noch eine Menge seelischer Arbeit bevorsteht. Ein Kollege in der Ausbildungsgruppe sagte so: Ich habe noch keine Antikörper gegen den Westen ausgebildet. Meine bisherige Anpassung ergibt keinen Sinn mehr, darin liegt eine große Chance für weitere Entwicklungen, und zugleich werde ich intensiv in Versuchung geführt, darin liegt die Gefahr bloß umzusteigen in eine neue Anpassung.

Meiner gewohnten Wachheit und Suchhaltung aus der DDR, immer bereit, die Öde und das Graue mit etwas Abenteuer und Farbe aufzufrischen, dem Mangel eine kleine Trophäe abzuluchsen und der Überwachung kein unbedachtes Wort zu liefern, muß ich jetzt mühsam Scheuklappen aufsetzen, um die ständig-aufdringliche Anmache des Westens abzumildern. Jetzt muß ich mich abschotten und habe doch mein bisheriges Leben lang, um weitere Öffnung gerungen. Ich wollte immer hinausströmen und durfte nicht, jetzt werde ich zur Expansion verführt und verliere mich dabei. Aus der ewigen Kontraktion droht eine ewige Expansion zu werden, für das gesunde Wechselspiel gibt es weder hier noch dort gute Voraussetzungen.

Meine Identität ist angefragt. Wer bin ich jetzt noch? Ein Deutscher, ja! Aber was ist das, wenn es an der Oberfläche doch so deutliche Unterschiede zwischen Ost- und Westdeutschen gibt? Ich spüre auch die ständigen Schwierigkeiten, die passende Bezeichnung für meine staatliche Identität zu finden. Laufend verspreche ich mich noch und sage »DDR« oder »hüben und drüben«. Der schreckliche Begriff: »Die neuen Bundesländer« will mir nicht so recht über die Lippen gehen, und als »Bundesbürger« fühle ich mich nicht. Ich bin ein »Ostdeutscher«, das paßt noch am ehesten. Und dann höre ich immer wieder die Frage, was ist denn nun das Besondere an uns oder auch das Bewahrenswerte an der DDR?

Der »Gefühlsstau« hatte mir ja auch den bitteren Vorwurf der »Nestbeschmutzung« eingebracht. Dieser Vorwurf traf mich mehr als andere. Bei den meisten Kritiken waren die star-

ken Affekte der Rezensenten auffällig, also ein sicheres Zeichen für die eigene Betroffenheit, und dabei wurde auch schnell deutlich, daß der Kritiker, tendenziös wahrnehmend und verzerrt wiedergebend, mehr von sich selbst mitteilte als über mein Buch. Aber daß ich mit meinen Analysen Anteil daran habe sollte, die DDR zum interessanten Objekt zu machen, sozusagen als Splitter im Auge des anderen, um von den westlichen Problemen abzulenken, das hat mich belastet.

In diesem Zusammenhang wird auch behauptet, nur deshalb sei mein Buch im Westen so interessiert aufgenommen worden, denn über ganz ähnliche Probleme könne man auch dort berichten, dies sei auch schon reichlich geschehen, doch es interessiere nicht mehr sonderlich und würde einfach abgetan. So nahm ich sehr gern das Angebot des Psychoanalytikers Michael Lucas Möller aus Frankfurt/Main an, mit ihm Zwiegespräche über die deutsch-deutsche Thematik zu führen. Es war mir eine bittere Genugtuung, aus dem Munde eines kompetenten Westkollegen über die bundesdeutschen Lebensverhältnisse Erfahrungen vermittelt zu bekommen, die den unsrigen an grundlegenden psychosozialen Problemen und Fehlentwicklungen durchaus vergleichbar sind. Aber auch dies reichte nicht aus, um meine Betroffenheit über die Kritik der »Nestbeschmutzung« zu beruhigen. Das mußte tiefer sitzen.

Bei meinen Bemühungen, mich darin besser zu verstehen, rieb ich mich immer wieder an dem »Besonderen und Bewahrenswerten« der ehemaligen DDR. Alle Antworten, die ich dazu hörte, die ich selber versuchte oder die mir auch entgegengeschleudert wurden als Reaktion auf den »Gefühlsstau«, wie sehr wir Ostdeutschen doch auch menschlich, warmherzig, solidarisch, erfahren in geschickter Anpassung und im Widerstand, mutig und mit unserer »Gewaltlosigkeit« moralisch souverän wären, empfand ich als affektbesetzt-trotzig und konnten mich nicht befriedigen. Die positiven Seiten an uns DDR-Menschen zu sehen und zu fördern, gehört so selbstverständlich zu meiner Einstellung und meiner täglichen Arbeit, daß ich mich schon amüsieren konnte, besonders wenn von westdeutscher Seite auf unsere Vorzüge verwiesen wurde. Manche Antworten empfand ich auch als ziemlich hilflos wie zum Beispiel: unsere Alleen, die nicht verbauten Landschaften, der grüne Abbiegepfeil ... – und anderes auch ausgesprochen fragwürdig: unsere Gemütlichkeit und Herzlichkeit, der Gemeinschaftssinn, die Not, die erfinderisch macht und Beziehungen stiftet, die Kinderkrippen und die Berufstätigkeit der Frau, die Fristenlösung beim Schwangerschaftsabbruch, die Polikliniken, die größere soziale Gerechtigkeit, das Recht auf Arbeit und Wohnung – weil hinter all diesen möglichen Angaben, nicht nur positive Bewertungen, sondern auch zwiespältige und ungeklärte Probleme, auch Einseitigkeiten, Lügen und beschönigende Illusionen sich verbargen.

Die häufiger zu hörende Beteuerung, daß wir doch »so viel einzubringen hätten«, zielte zumeist auf Äußerlichkeiten und wurde dementsprechend auch lässig von westlicher Seite abgeschmettert. Da begriff ich allmählich den Denkfehler und seine möglichen Hintergründe. Im Vergleich der Äußerlichkeiten hatten wir längst den Kürzeren gezogen, praktisch unsere Niederlage herbeigewählt und alles DDR-Eigene auf den Müllhaufen der Geschichte geworfen. Ich sah uns jetzt wie die armseligen Gestalten, die in der Müllkippe noch nach brauchbaren Resten stöberten.

In einem Zustand seelischer Not wollten wir das große Los ziehen und uns retten lassen, aber als wir spürten, daß wir uns wie gewohnt nur angepaßt und überlassen hatten und nun verramscht wurden, wollten wir die längst verblaßten Werte wieder aufpolieren.

Unsere Identität war in Wirklichkeit angefragt, wir aber hatten ein schlechtes Gewissen wegen unserer schuldigen Mittäterschaft und den vielen faulen Kompromissen mit dem »real existierenden Sozialismus«. Wir hatten unsere Würde verkauft, zu der ich alle Fähigkeiten und Erfahrungen, auch die Schuld und Niederlagen zähle.

Mir war plötzlich klar, wie auch immer, ich habe in diesem Land gelebt und da sind doch meine Liebschaften und meine Feinde, da hat mein Haß seine Ziele und meine Lust kennt den Schoß, da gibt es Orte des Triumphes und Räume erbärmlichen Versagens. Hier sind die Menschen, die ich enttäuscht habe, und auch die vielen, für die ich sehr wichtig bin. Hier blieben meine Sehnsüchte unerhört und Wünsche haben sich erfüllt. Dies ist mein ganzes Leben! Jetzt wird einfach ein neues Bewertungssystem darübergelegt, und dies will alles messen und beurteilen. Wie anmaßend, wie lächerlich, und doch die bittere Realität. Ich empöre mich, und ich weigere mich, dies zu akzeptieren. Kein neuer Bürokrat kann an meiner Würde kratzen.

Wie sehr hatte mich doch das Aufrechnen äußerer Werte verwirrt: Im Beharren auf unseren Erfolgen und Werten war ich das »trotzige Kind«, und im Zugeständnis, daß doch vieles im Westen besser sei, war ich das »bedürftige Kind«. Es geht aber vor allem um mein Innenleben, in dem durch die »Wende« und die Vereinigung Themen und Inhalte aufgewühlt wurden, die bisher im Schlamm des seelischen Urgrundes wohlweislich abgelagert waren, um in der DDR überhaupt zurechtkommen zu können. Ich hatte mit meiner frühen Lebensgeschichte in den Verhältnissen in der DDR einen Ausgleich gefunden, das autoritär-repressive Staatssystem war sozusagen die »Gnade« der Kultur, das meinen frühen Verletzungen den Halt und die Kontrolle schenkte, um für die tiefsten inneren Schmerzen eine äußere glaubwürdige Erklärung zu finden. An der Enge des Systems konnte ich gut leiden, um nicht meine innere Beengtheit erleiden zu müssen. Das Einhämmern von Normen des »richtigen Bewußtseins«, die mit »ewig«, »unverbrüchlich«, »unbezweifelbar-siegreich«, »objektiv-wissenschaftlich« verbunden waren, verdeckten in ihrer aufdringlichen Borniertheit die noch tiefer sitzenden kleinbürgerlichen lebensfeindlichen Erziehungsnormen, die zuallererst Geist, Seele und Körper eingemauert hatten, was wohl auch kaum durch größere Autos, weitere Reisen und den Komfort des westlichen Lebens zu heilen sein wird, eher im Gegenteil.

Ich muß »mein« Bewußtsein finden, die brüchigen, kurzlebigen, zweifelhaften und subjektiven Umstände und Orientierungen des Lebens hinnehmen und aushalten lernen. Jetzt schützen mich weder die Ersatzmütter, Partei und Kirche, jetzt will es die große spendende Mutter, die DM versuchen. Unser Spiel ist aus: Sich mit dem Vater Staat zu identifizieren und der Partei als Mutters dressierte Lieblinge zu dienen oder gegen den strengen »Vater« zu opponieren, verbündet mit der »Mutter« Kirche, die sich der Opposition als Ersatzobjekte ihrer Zuneigung bediente, um nicht ihre eigene »Frigidität« zu erleiden. Das neue Spiel winkt: Die DM als neue Mutter will ihre »armen Kinder« nun auch zu ihren abhängigen Süchtigen machen. Will ich mitspielen oder endlich zu mir kommen?

Meinen Zustand kann ich jetzt so zusammenfassen: Das alte Gleichgewicht gilt nicht mehr, der Wandel der Werte wühlt den seelischen Schlamm auf, in der bloßen Anpassung an die neuen Anforderungen finde ich keinen Frieden. Ich bin in Gefahr, die innere Beunruhigung durch Ablenkung nach außen bewältigen zu wollen. Noch gibt es eine Menge dort zu entdecken, doch allmählich spüre ich auch die verbesserte Chance, den inneren Weg weiterzugehen, nachdem ich »über die Mauer« habe schauen können und mich nicht mehr mit Illusionen beschwichtigen und trösten kann. So lange die Mauer bestand, konnte ich das bessere Leben jenseits phantasieren, jetzt wird es klarer: Es ist in mir – oder gar nicht zu finden!

Ich fürchte, daß die zunehmende soziale Krise uns nicht nur berechtigte Sorgen, sondern auch Vorwände bescheren wird, daß wir nicht zu uns kommen können. Vielleicht soll der unglückliche Sieg des mächtigeren Wirschaftssystems uns gerade vor der bitteren Erkenntnis unserer »Mutterproblematik« bewahren – entweder als neue Reiche oder alte Arme – in beiden Fällen wären wir gut versorgt, entweder im Sichern und Versichern unseres Wohlstandes oder im Beklagen unseres Elends.

Ich schreibe dieses Buch, um der Tragik eine Stimme zu verleihen, wenn in einem großen historischen Moment mit einer nie für möglich gehaltenen Befreiung, einem großen Erlebnis von Genugtuung und Gerechtigkeit und einem abenteuerlichen Prozeß der Vereinigung erneut viele Menschen mit Bitterkeit und Enttäuschung reagieren, ja sogar neue seelische Beschädigung davontragen. Ich versuche die Gründe aufzuspüren, weshalb die deutsche Einheit viele Menschen nicht glücklicher macht, ihre Erwartungen enttäuscht und an ihren Wünschen vorbeigeht.

Das gestürzte Volk

Als ich nach einem Titel für dieses Buch suchte und wir in unserem Klinikteam, wie so oft in dieser Zeit, zusammensaßen und diskutierten, stand plötzlich das Wort vom »gestürzten Volk« im Raum, verbunden mit der Bildphantasie eines aus seiner Form gestürzten Puddings. Die DDR, das war ein durch und durch repressives System, das alles fließende Leben in eine Form preßte, bis es schließlich erstarrte. Die Mauer war das äußere Sinnbild für diese zwingende und zwängende Enge. Jetzt sind wir wie ein Pudding aus der Form gestürzt und halten unsere Erstarrung, unfähig zur Teilhabe am fließenden Leben. Längst schon ist der äußere Halt zum inneren Korsett geworden. Und dennoch bleibt eine äußere haltgebende Form sehr erwünscht, weil sie die entschuldigende Erklärung für das zur Unfähigkeit geronnene, nicht mehr selbstbestimmte Leben abgeben kann. So sind auch unsere Hoffnungen, die Sehnsucht, die großartige Begeisterung des Aufbruchs im Herbst '89 geronnen zu einer müden, bisweilen auch verzweifelten Geste der Anpassung an eine neue, harte Struktur. Im Grunde genommen ist nicht die Regierung gestürzt, sondern nur ausgetauscht, aber die Macht des Volkes ist erneut und diesmal wesentlich effizienter denn je gestürzt worden. Es werden schließlich dafür auch Schuldige namhaft gemacht werden können, was auch schon geschieht, doch vielmehr sind unbewußte kollektive Prozesse zugange, die ich verstehen und erklären möchte mit der noch nicht völlig aufgegebenen Hoffnung, daß wir doch noch Möglichkeiten für eine bessere Gestaltung unseres Lebens finden werden.

Wie schnell der Bundeskanzler vom umjubelten Helden zum eierbesudelten Prügelknaben und die Treuhandgesellschaft mit der undankbaren Aufgabe, Notschlachtungen auf der Freibank anzubieten, zur ungerechtfertigten Zielscheibe des gerechten Zornes wurden – auch wenn man beiden heimliche Fehler oder gar schlimme Machenschaften nachweisen kann –: dies ist ein Ausdruck für das ewig neue Retter-Opfer-Verfolger-Spiel, in dem wie im »Bäumchen, Bäumchen, wechsle dich« die Positionen getauscht werden können, ohne daß es wirklich konstruktive und befreiende Lösungen gibt. Statt Honecker jetzt Kohl, statt der SED jetzt die Treuhand – dies läßt in mir zwar eine makabre Schadenfreude anklingen, die jedoch rasch an der absurden Tragik dieser Verhältnisse wieder erstickt. Ich kann das ernsthafte und engagierte und in den meisten Fällen sicher auch redliche Bemühen der Oberen ebenso würdigen, wie ich die Not und Enttäuschung des größeren Teils der östlichen Bevölkerung teile. Weshalb muß dies so unglücklich verlaufen? Die Argumente, daß der Ablauf unvermeidbar wäre, kann ich nicht akzeptieren. Statt dessen glaube ich, daß wir unabwendbares inneres Leiden zu vermeiden trachten – auf beiden Seiten – und uns dadurch immer wieder vermeidbares äußeres Leiden schaffen.

Der Phasenverlauf unserer Befindlichkeiten

Die Befindlichkeit vieler ehemaliger DDR-Bürger läßt einen phasenhaften Verlauf erkennen.

Zu DDR-Zeiten dominierte eine resignierte Anpassung mit depressiven und zwanghaften Zügen, was aber von den meisten als relative Zufriedenheit erlebt wurde, man hatte sich mit den Verhältnissen abgefunden und in den möglichen engen Grenzen recht und schlecht arrangiert.

Gegenüber dem Westen fühlte man sich meist minderwertig, in der Geschlossenheit der Gesellschaft wurde dies aber hingenommen, weil ja doch jeder davon betroffen war – die gemeinsame Not linderte die Schmach.

Mit der anwachsenden Flucht- und Ausreisewelle wurde diese relative Zufriedenheit immer mehr labilisiert, schien es doch möglich zu werden, sich dem allgemeingültigen Trott zu entziehen und dem gemeinsamen Schicksal durch persönlichen Mut entkommen zu können. Bis zu dieser Zeit war wohl das Wesentlichste, daß sich die meisten Menschen auch mit ihren neurotischen Einengungen, Hemmungen, Defiziten und Verbiegungen abgefunden hatten, sich hatten abfinden müssen, wollten sie nicht gedemütigt, terrorisiert, bestraft oder ausgegrenzt werden.

Mit der »Wende« gab es eine grandiose Aufbruchstimmung, das kollektive Gleichmaß wurde durch die Protestmöglichkeit in Frage gestellt und individuelle Entscheidungen und Entwicklungen schienen wieder möglich. Es war eine wunderbare Befreiung von der Angst, die mit Recht als »aufrechter Gang« charakterisiert wurde. Alles vorher qualvoll Unterdrückte konnte sich jetzt wieder vorsichtig entfalten und formulieren: Aktivität, Mut, Kreativität, Spontaneität, Hoffnung, Begeisterung, Optimismus, Kritikfähigkeit, Offenheit, Ehrlichkeit. Dies geschah im Schutz und mit der Kraft sozialer Energie in Menschenmassen und in Gruppen. Zur individuellen Befreiung von den Folgen der jahrzehntelangen Repression waren Raum und Zeit zu eng bemessen. Aber längst vergessene Sehnsüchte und Wünsche, erstarrte Möglichkeiten waren wieder aktualisiert.

Mit der Grenzöffnung geschah eine rauschartig-kathartische Abreaktion aufgestauter Gefühle ohne hinreichende Klärung. Wie sehr in den meisten Menschen in Ost und West auch innere Grenzen niedergerissen und

Abspaltungen integriert sein wollten, ist kaum richtig bewußt geworden, auf keinen Fall zur Bearbeitung im größeren Stil gekommen.

Ich behaupte aufgrund unserer Beobachtungen, daß die dumpf gespürte Sehnsucht nach Nähe, Menschlichkeit, Verbundenheit und Ganzheit, die in diesem historischen Moment ganz individuell mit hochgerissen wurde – eine Sehnsucht, die in den meisten Menschen schmerzlich ungestillt ist und deshalb mit großer Anstrengung verborgen wird, damit es nicht laufend so weh tut, wenn daran gerührt wird – im weiteren Verlauf wieder mit erheblicher Energie abgewehrt und kompensiert werden mußte. Wir im Osten hörten sehr bald auf oder haben gar nicht erst richtig damit begonnen, unsere Vergangenheit verstehen und klären zu wollen und eine eigene Demokratisierung mühsam zu erarbeiten. Und im Westen erfuhr die Vereinigungspolitik eine immer rasantere Beschleunigung, wobei die Verhältnisse im Osten meist als Erklärung dafür herhalten mußten.

Die Mauer war gefallen, wir standen uns entfremdet und beziehungsunfähig gegenüber – von da ab begann ein sich wechselseitig ergänzender und verstärkender Abwehrkampf gegen die bittere Einsicht von seelischen Verletzungen, Einseitigkeiten und Fehlentwicklungen. Die psychologischen Mauern übernahmen die ehemalige Grenzsicherung. Es müssen auf beiden Seiten erhebliche Ängste aktiviert worden sein, weil die bisherigen Arrangements massiv in Frage gerieten: Im Osten mußte unbedingt die Abhängigkeit und der Untertanengeist in einem neuen Akt der Unterwerfung gerettet werden, um sich schnell in den gewohnten Erfahrungen wieder zu stabilisieren. Soll denn unser Leben völlig »umsonst« gewesen sein, war die häufig zu hörende und ungläubig, aber angstvoll gestellte Frage. Nein, die gelernte Anpassung sollte nicht in Frage gestellt werden, damit wären wir ja alle sehr persönlich nach Sinn und Wert und Schuld unseres entfremdeten Lebens gefragt. So war eine Stabilisierung durch neue Unterwerfung die schnellste Beruhigung, aber die aggressiven Energien, die mit jeder Unterwerfung entwickelt werden, vor allem Haß und Rachegelüste müssen jetzt sorgfältig und reuevoll versteckt werden, denn immerhin erfahren wir ja eine massive materielle Hilfe, für die wir dankbar sein müßten.

Mir begegnet diese eigenartige Ambivalenz immer wieder, und viele Menschen fühlten sich an Weihnachten erinnert, wenn sie mit Gaben überhäuft, sich zum Dank verpflichtet sahen und die Erwartung der Eltern auch deutlich spüren konnten, und doch erstarrte die Freudengeste gerade deshalb häufig zu einem gereizten: Ja, danke, das gefällt mir schon ... – und der Rest blieb unausgesprochen, meist auch noch gar nicht bewußtseinsfähig: Aber eigentlich möchte ich ja etwas ganz anderes, daß ihr mich gern habt und versteht, daß ihr euch Zeit für mich nehmt und überhaupt ... Und Eltern und Kinder könnten sich in die Arme fallen und gemeinsam weinend sich eingestehen, wie wenig das Jahr über Weihnachten für alle war!

Und im Westen mußte unbedingt das siegreiche Gefühl der Überlegenheit, des Erfolges gerettet werden – ja sogar mit der wohl einmaligen Verlockung, dieses auch ausführlich demonstrieren zu können. Diese große Chance, für lange Zeit von den eigenen Problemen und Schwierigkeiten ablenken zu können und jeden Zweifel am Wert des eigenen Lebens im westlichen System mit dem Hinweis auf den jämmerlichen Kollaps der sozialistischen Gesellschaft zu vertreiben! Aber wer denkt schon bei so großen politischen und wirtschaftlichen Aufgaben an den wahrscheinlichen psychologischen Hintergrund des Handelns.

Die anfängliche Euphorie war schnell der Angst vor Veränderung gewichen. So wurde fast intuitiv gelogen: Keinem soll es schlechter gehen im Osten – im Westen sei keine Steuererhöhung nötig! Damit waren die heiklen Punkte genau getroffen, denn es war längst geahnt, sonst hätte es nicht verneint werden müssen, daß es allen im Osten schlechter gehen wird – ich meine das nicht allein materiell, sondern vor allem auch seelisch – und daß den Westen die Vereinigung sehr teuer kommen wird, daß das »goldene Kalb« bis zur Erschöpfung gemolken werden wird. Im Wettkampf der Systeme hat das eine zwar schlapp gemacht, aber es fällt schwer zu erkennen oder gar zuzugeben, daß es keinen Sieger gibt. Mit der Vereinigung Deutschlands dürfte der wirtschaftliche Aufstieg des Westens endgültig beendet sein, auch wenn es noch einige Zeit eine Konjunktur auf Kosten der Ostdeutschen und Osteuropäer geben wird. Jetzt gehören wir zusammen, und keine Grenze schützt mehr vor unserer Armut und unserem gierigen Anspruch. Jetzt wollen wir auch von dem Kuchen essen und genießen, der uns als Erfüllung höchster Lebensfreude und größten Glücks Jahr und Tag vor die Nase gehalten wurde. Der Konflikt ist bei dieser Politik vorgezeichnet, und er schwelt im Moment vor sich hin.

Unsere Unterwürfigkeit mit der Illusion, den Wohlstand und damit das Heil als Entschädigung für alle innere und äußere Unbill geschenkt zu bekommen, war wesentlich begleitet von Angst vor Freiheit und Selbständigkeit. Nicht nur, daß die Politbürokratie solches Sehnen und Verhalten bestraft hätte – es ging noch vielmehr um die mögliche Erfahrung innerer Unfreiheit und unbewältigter Abhängigkeitswünsche, die vermieden werden sollte.

Freiheit will genutzt sein, sie fordert Entscheidung und Verantwortung. Bereits die Wahlfreiheit zwischen vielen

Möglichkeiten ist vielen Menschen hier eine unerträgliche Last und Grund genug, noch lange Zeit im ausgefuchsten System des konkurrierenden Scheins übertölpelt zu werden. Und das innere Freiheitsbedürfnis, das jetzt herausdrängt, bringt uns noch mehr in Verlegenheit, weil damit die ganz persönliche Unterwerfungsgeschichte unserer Erinnerung wieder droht – und diese Angst wollen wir jetzt erfolgreich beschwichtigen, indem wir hilflos und lächerlich zugleich bemüht sind, möglichst schnell tüchtige Wessis zu werden. Nicht etwa durch einen eigenen Entwicklungsprozeß, sondern vor allem durch neue Autos, durch besseres Geld und Seminare, wie man sich richtig bewirbt, das beschämende Nachahmungsgebaren!

Inzwischen sind wir mitten in der Phase der Ernüchterung, Enttäuschung, der verbitterten Desillusionierung anhand der sozialen Krise mit den unerträglichen Erfahrungen eines »Manchester-Kapitalismus«. Es dämmert uns, um welchen Preis der erfolgreiche Wohlstand nur zu haben ist. Wir bekommen nichts mehr geschenkt. Und angesichts der Konfrontation mit den ganz realen Ängsten und existentiellen Bedrohungen wachsen Resignation, Depressivität, Larmoyanz, Gereiztheit und Gewalt. Was uns noch fehlt, aber nun dringend ansteht, ist der Mut zur Eigenständigkeit, zur Andersartigkeit und Fremdheit, eine kritische Infragestellung der westlichen Lebensart und schließlich eine Integration der unterschiedlichen Sozialisationen. Das zu erreichen halte ich für die wichtigste politische Aufgabe des nächsten Jahrzehntes, und dies wird ohne psychologische Hilfen nicht gehen.

Dieser Phasenverlauf unserer Befindlichkeiten wird gebrochen von sozial bestimmten Parametern, vor allem durch Alter, Geschlecht, Beruf und Verstrickung in das alte stalinistische System. Besonders betroffen von der

Vereinigung im negativen Sinne sind ältere Menschen, Frauen, Behinderte und alle Berufe und Personen, die systemstabilisierende Bedeutung hatten (z. B. Funktionäre der Partei und des Staates, Stasileute, Offiziere, Staatsanwälte, Richter, Gesellschaftswissenschaftler, Lehrer). Die Älteren haben die geringsten Chancen, neue Arbeit zu finden, nochmal umzulernen, ihre Zukunft materiell zu sichern und ihrer Lebenserfahrung wegen geschätzt zu werden. Die Frauen müssen mit tiefer Beunruhigung den Wert ihrer bisherigen Emanzipation anfragen und sehen sich zunehmend der Hilfen beraubt, die ihnen ein gleichwertiges Berufsleben ermöglichten. Sie verlieren wegen ihrer Geschlechtsrolle an Marktwert und sind besonders konservativer Ideologie vom Heim-, Herd- und Kinderstubenleben ausgesetzt. Dabei wird erneut die entscheidende Frage nach der Beziehung zwischen Mann und Frau und zwischen Mutter und Kind im wesentlichen außer Acht gelassen.

Das Verlust-Syndrom

Ich will keinen Zweifel daran lassen, daß ich den Untergang des DDR-Regimes ohne Wenn und Aber begrüße und daß ich die gewonnenen Freizügigkeiten dankbar genieße. Und doch sind für mich und andere noch viel mehr Beunruhigungen und Bedrohungen entstanden, gegen die ich protestiere und mich wehre. Daß in einem so umfassenden Veränderungsprozeß unseres Lebens Ängste, Verunsicherungen und Krisen unvermeidbare Begleiterscheinungen sind, steht für mich außer Frage. Wir haben die Folgen jahrzehntelanger Mißwirtschaft und aufgenötigter wie erduldeter psychosozialer Fehlentwicklung auszubaden. Eine schnelle schmerzlose Heilung dieser unserer Verletzungen und schuldigen Mittäterschaft zu erwarten, entspräche nur einer magischen Erlösungsillusion unserer infantilen Seelenlage. Das berüchtigte »Tal der Tränen« ist eben nicht nur eine dahingesagte publizistische Metapher, sondern bittere Wirklichkeit, die wir bestenfalls verleugnen, aber nicht vermeiden können. Die Verleugnung wird im großen Stil versucht, sie hat ihre östliche und ihre westliche Ausprägung. Ich will dies mit dem Begriff eines »Verlust-Syndroms« beschreiben, das ich hier im Osten in der geschäftig-hypomanischen, in der enttäuscht-resignierten und der gereizt-angstvollen Variante sehe.

In allen Fällen begleiten Angst, Verunsicherung und innere Unruhe die unaufhaltsamen Anfragen an die eigene Identität, und die einen reagieren sich bevorzugt nach außen ab, die neue Freizügigkeit nutzend, und andere behalten die unvermeidbare Beunruhigung in ihrem Inneren. Die äußeren Strukturen, die unser Leben bestimmt haben, sind zusammengebrochen, damit sind wesentlicher Halt und wichtige Orientierung verloren. Dies ist für Menschen, die ihre fühlende Innenorientierung in einem erbitterten Kampf mit den repressiven Einflüssen weitestgehend aufgeben mußten, eine massive Bedrohung.

Jetzt sind auch die innerseelischen Kompromisse in Frage gestellt, was die Verwirrung nur verschärft. Prinzipielle Sinnfragen sind erneut aufgeworfen, wobei in der depressiv-zwanghaften Art viel gegrübelt wird: Was soll nur werden? Wer bin ich (noch)? Wie soll ich mich entscheiden? Was ist jetzt richtig? Und Antworten mit neuen überzeugenden Inhalten und klaren Orientierungen bleiben aus. Der DDR-Verlust provoziert grundsätzliche Anfragen an die eigene Identität, das entwertete Leben läßt Fragen nach dem Wert des Lebens überhaupt auftauchen. Daß abgewehrt, verleugnet und ausagiert wird, ist also kein Wunder. Dies alles aufzuarbeiten, damit hätten wir schon genug zu tun. Aber zusätzlich müssen wir uns auch noch mit der westlichen Lebensart auseinandersetzen, die als große Hoffnung ersehnt, nicht halten kann, was sie selbst durch ihre Exponenten versprach. Und wir hatten all unsere ungestillten Sehnsüchte da reingepackt. Dies ist vergleichbar mit der Illusion einer »großen Liebe«, wenn vom Partner oder der Partnerin endlich all das erfüllt werden soll, was die Eltern nicht geben konnten oder wollten. Wir haben aber nicht nur einen neuen jungfräulichen Partner gewählt, mit dem wir ein gemeinsames Leben allmählich aufbauen und ausgestalten könnten, sondern einen, der uns in einer Art und Weise überfällt, Maß nimmt und zurechtstutzt, was schon sehr eindrücklich auf das eigene wilde Leben hindeutet, so daß – wie so oft nach Scheidung und neuer Partnerwahl – »vom Regen in die Traufe« der treffende Zynismus ist.

Das gestürzte Volk trägt die Last. Eine doppelte Last: Zu unserer alten sehr problematischen Geschichte kommt die neue fragwürdige hinzu und verschärft die psychosoziale Problematik. Der Gefühlsstau als die Folge von Unterdrückung und Enge, von Kränkung und Demütigung, von Entfremdung hat sich im Zuge der Vereinigung nicht auflösen, ja nicht einmal vermindern können, sondern er wird durch die neuen Abhängigkeiten nur verschärft. Da aber die Kontrollmechanismen schwächer und durchlässiger geworden sind – die Stasi hatte eben auch dies voll im Griff –, toben sich jetzt die unbewältigten Gefühle als Gewalt, Kriminalität, Radikalität und Verkehrsdelikt aus. Auch unsere Hoffnungen und Sehnsüchte, die mit der »Wende« aufflammten, sind durch die nachfolgende erneute Unterwerfung doppelt enttäuscht. Der alte Schmerz wird durch den neuen bereits wieder zugedeckt. Wir hatten kurzzeitig Kontakt zu den tiefsten Wünschen nach unverstelltem Dasein, nach spontanem Ausdruck und solidarischer Verbundenheit und haben dies allzubald wieder verloren. Dies bedingt bittere Erfahrungen wie z. B.: Lieber nicht erst probieren von der Köstlichkeit und den Appetit reizen, wenn dann doch nicht gespeist werden darf. Oder: Lieber gar nicht erst auf eine herzliche Beziehung einlassen, denn wenn es wieder nichts wird, dann tut es noch mehr weh, dann bleib ich lieber allein oder in einer unglücklichen Beziehung.

Das die meisten erfassende Verlust-Syndrom ist durch eine allgemeine Labilisierung gekennzeichnet. Der »vormundschaftliche Staat« (Henrich) hatte uns alle infantilisiert oder eine Entwicklung zur größeren Selbstbestimmung, Eigenständigkeit und Verantwortlichkeit stark behindert. Geistige Enge, kleinbürgerlicher Mief, politische Unmündigkeit und massenhafte psychosoziale Fehlentwicklungen waren der Preis für eine garantierte soziale Sicherheit, für allgemeine Fürsorge, für Schutz und Geborgenheit, für ein reichlich unbekümmertes Leben auf relativ niedrigem Wohlstandsniveau gegenüber der Bundesrepublik, aber auf beachtlichem Niveau gegenüber den sozialistischen Bruderstaaten und in einer nahezu peinlich-ungerechten Höhe gegenüber den Menschen in der sogenannten Dritten Welt. Wir lebten wie in einer kleinbürgerlichen Familie: hinreichend materiell versorgt, in engen geistigen Grenzen mit rigiden vorurteilshaften Anschauungen, prüde, verlogen, unter dem Reglement von Gehorsam, Disziplin und Ordnung – aber darauf war Verlaß. Die Regeln waren eindeutig. Der Spielraum war überschaubar. Selbst die Bösartigkeit war berechenbar. Wer sich beugte, konnte ganz gut leben, wer sich nicht beugte, hatte auch sein Auskommen, nur wer sich bockig und laut wehrte, wurde hart bestraft. Und dies wußte jeder. Wer zum Opfer wurde, hatte meistens auch seine Gründe. Damit entschuldige ich kein Unrecht. Wer gezielte Schüsse an der innerdeutsche Grenze abgefeuert, befohlen oder als politisch Verantwortlicher ermöglicht hat, hat nach meinem Empfinden schwere Schuld auf sich geladen, unabhängig von der juristischen Interpretation. Doch wer diese Grenze ohne Erlaubnis überqueren wollte, wußte davon, daß er getötet werden konnte, er hat zumindestens mit dieser Möglichkeit »gespielt« oder das Risiko in Kauf genommen. Er hat eine mögliche Tötung auch provoziert. Welche seelische Not ihn veranlaßt haben könnte, sich solche Gefahr zu organisieren oder seinen Verwandten und Freunden den eigenen Tod zuzumuten, gehört unbedingt in die gründliche Analyse der psychosozialen Verhältnisse in diesem Deutschland. Dies kann die Justiz nicht leisten und erst recht nicht eine Kampagne gegen die Täter.

Was ich also sagen will: In der DDR kannten wir uns aus, wirkliche Überraschungen waren praktisch ausgeschlossen. Jetzt aber sind wir hinausgestoßen in ein wesentlich ungeschütztes Leben, in dem jeder sein Verhalten mit allen Konsequenzen auch allein verantworten muß. Das »Kinderleben« hat aufgehört und damit die »berechtigte« Erwartung von Fürsorge und Schutz. Wir müssen plötzlich wie Erwachsene handeln, und viele sind dazu noch nicht bereit. Wer das Leben eines folgsamen und angepaßten Kindes führen mußte, der weiß sich nicht wirklich angenommen und bestätigt, dem bleiben die Freuden und Fähigkeiten des freien Kindes auch verwehrt und der wird als Erwachsener weiterhin muffig, gezwungen und verbittert leben, sich in der ewigen Anpassung und Anstrengung verbrauchen und das soziale Zusammenleben durch Strenge, Haß, Neid, Konkurrenz, Egoismus und Intrige vergiften.

Diese aufgebrochene Erfahrung existentieller Einsamkeit und Verantwortlichkeit gehört im Moment zu den wesentlichsten Ursachen tiefer Beunruhigung und Erschütterung. In den Gruppen, mit denen ich in letzter

Zeit gearbeitet habe, nicht allein mit sogenannten Patienten, sondern auch mit Kollegen und politisch interessierten »Normalbürgern« (im Osten) war dies immer wieder ein zentrales Thema von bedrohlicher Wucht. Der Verlust an DDR hatte bei vielen Trennungs- und Verlust-Traumatisierungen der frühen Kindheit aktiviert, die aber in der Regel wegen der lebensbedrohlichen Tiefe emotional nicht wirklich verarbeitet worden waren. Bis dahin war ja auch das eingemauerte, streng kontrollierte und nicht voll entfaltete Leben, wie wir es in der DDR »genießen« durften, eine gewährte »Gnade«, um nicht durch die Möglichkeiten von freier Entfaltung an die sorgsam verborgenen Defizite unserer frühen Kindheit erinnert zu werden.

Jetzt aber häufen sich bei entsprechender Ermutigung die bitteren Erinnerungen an Kinderkrippen, Heimaufenthalte, auch die Ahnungen, ein unerwünschtes Kind oder niemals wirklich geliebt worden zu sein, brechen jetzt öfters durch.

Alle Orientierungen und Werte sind in Frage gestellt oder ganz und gar verloren. Die Regeln und Normen unseres bisherigen Lebens sind aufgehoben, unsere Anpassungsleistung ist nur noch beschämend und peinlich, der Widerstand, die Schliche und Tricks, sich dem unerträglichen Einfluß des Systems zu entziehen, haben nur noch nostalgischen Erinnerungswert. Unsere Witze, der heimliche Code von Gestik und Mimik haben ihre entlastende Wirkung verloren. Unsere Erfahrungen im gesellschaftlichen Verkehr sind nicht nur wertlos geworden, sie sind nahezu hinderlich, weil nicht mehr »zeitgemäß«. Wir sind auf die Stufe von Schülern und Lehrlingen zurückgeworfen. Wir müssen umlernen, umschulen, Neues einpauken und Altes vergessen, meist nicht freiwillig oder aus eigenem Antrieb, sondern notgedrungen, und häufig auch dann, wenn es überhaupt keinen Grund gibt, Bewährtes zu verändern. Eine Entmündigung und Demütigung ohnegleichen!

Die Menschen werden jetzt auf westliches Know-how getrimmt. Das Rennen um neue Bescheinigungen und Zertifikate hat begonnen. Die Sucht des trügerischen Scheins greift um sich. Nicht das wirkliche Interesse bestimmt das Lernverhalten, sondern der Marktwert und die Marktlage. Die Umschulung vom »Idealismus« zum »Materialismus« ist voll zugange. In der Psychotherapie und Medizin überschaue ich das sehr gut, was aber in allen anderen Berufen in ähnlicher Weise beschrieben werden könnte. Jahrzehntelang haben wir gegen die bornierten Verbote und Tabus der staatlichen Obrigkeit, gegen die systemstabilisierende akademische Psychologie und Medizin und gegen die Ignoranz vieler Kollegen analytische und tiefenpsychologische Psychotherapie und auch Methoden der humanistischen Psychologie (Gestalttherapie, Transaktionsanalyse, Köpertherapien, Psychodrama) mehr oder weniger heimlich eingeführt, am Leben erhalten und entsprechende Selbsterfahrungen organisiert. Daraus ist eine Psychotherapie gewachsen, die sich sehen lassen kann, weil sie im Widerstand von Idealen getragen und keiner einseitigen Theorie verpflichtet und auch nicht von materiellen Interessen abhängig war. Davon lebt zu Recht die Psychotherapie in der Nach-Wende-Zeit.

Jetzt kommen Kollegen, die früher die Nase rümpften oder einfach zu bequem und angepaßt waren, und »kratzen« Bescheinigungen zusammen, jetzt kommen Krankenkassen, die nach westlichem Schema vorschreiben wollen, welche Patienten wir wie lange und nach welchen Methoden behandeln dürfen. Jetzt kommen westdeutsche Kollegen, die unsere Arbeit nach ihren Maßstäben beurteilen wollen, um uns in das harte Gerangel um Marktanteile einzufügen, besser noch herauszudrängen.

Jetzt muß eine Psychotherapie beantragt, genehmigt und wenn sie längere Zeit in Anspruch nehmen sollte, auch begutachtet werden. Meine Souveränität als Arzt muß ich an ein bürokratisches Verfahren abtreten. Der Gutachter kennt auf keinen Fall den Patienten, und er muß seine Entscheidung aufgrund eines schriftlichen Antrages fällen. Die Westkollegen gestehen, daß sie längst gelernt haben, das niederzuschreiben, was die Gutachter lesen müssen, um eine Befürwortung auszusprechen. Das letzte Wort bleibt aber dennoch bei den Krankenkassen, also den Geldverwaltern. Auf meine erstaunte Frage an die Kollegen im Westen, weshalb sie sich ein derartiges Verfahren überhaupt gefallen lassen, war zuerst nur Erstaunen (noch nie darüber nachgedacht, das ist so selbstverständlich), dann Rationalisierung (das nötigt uns zur gewissenhaften Arbeit und Überprüfung unserer Hypothesen – ja, arbeiten Sie denn ohne Gutachten nicht gewissenhaft?). Dann schließlich manchmal das Zugeständnis, ja wir verdienen ja auch sehr gut, also nehmen wir das einfach hin und lügen und betrügen auch schon mal, wenn es halt so sein soll.

Ich empfinde dieses Reglement für einen gestandenen Therapeuten als entehrend, für Lehr- und Ausbildungszwecke kann ich es akzeptieren, doch am besten wäre es durch ein Supervisionsgebot zu ersetzen, wenn eine Therapie nach vielen Stunden nicht vorankommt. Jeder Therapeut hat seine Grenzen und auch Patienten, die er nicht gut verstehen und annehmen kann, und er bleibt ein ewig Lernender im Beruf, deshalb ist kollegiale Beratung in der lebendigen Beziehung im Unterschied zum bürokratisch-formalen Akt der Begutachtung eine echte Hilfe und Schutz für Therapeut und Patient.

Wie sehr in den neuen Verhältnissen das Geld sich in alle Beziehungen schleicht und diese im Nu verändert, kann man besonders in der Medizin beobachten. Um in einer freien Niederlassung profitabel zu wirtschaften, bringen vor allem die technischen Untersuchungen der Apparatemedizin den Gewinn. So werden Menschen unnötigen Untersuchungen unterzogen und die Kosten unnötig erhöht, und das, was die meisten Menschen für ihre Gesundung wirklich brauchen, nämlich gehört und verstanden zu werden und in einer mitmenschlichen Beziehung heilende seelische und soziale neue Erfahrungen machen zu können, wird mehr denn je den ökonomischen Zwängen geopfert.

Ein anderes Beispiel der typischen Entwürdigung: Um sich auf die westlichen Verhältnisse gut vorzubereiten, werden »Bewerbungsseminare« angeboten, die Auftreten, Körperhaltung, Kleidung, Wort- und Satzwahl trainieren – also nicht der Mensch soll sich vorstellen, sondern eine dressierte Puppe soll in das Lügengebäude des aufgemotzten Scheins sich einfügen lernen. Dies ist der neue Kniefall, den früher bei uns die Parteizugehörigkeit und das Phrasengesabbere erfüllten. Ich sah im Fernsehen ein »Training« wie künftige Angestellte auf Weststreß eingestellt wurden.

Die Aufgabe bestand darin, konzentriert und freundlich gegenüber einem schwierigen Kunden zu bleiben. Während dieser sich am Angestellten mit dämlichen Fragen abreagierte, sah sich der Ausbildungskandidat noch zusätzlich einem störenden Gequatsche ins linke und ins rechte Ohr ausgesetzt, vor seinen Augen wurde eine Hand irritierend hin und her bewegt, und im Hintergrund klingelte das Telefon. Wer diesen Test besteht, ist ein Monster. Schöne neue Welt!

Wir erfahren einen Akt der Unterwerfung und Kolonialisierung, und da frage ich mich schon, warum das so sein muß. Hier weigere ich mich, das Primat von Sachzwängen anzuerkennen, meiner Meinung nach sind vor allem irrational-unbewußte Mechanismen zugange, die von beiden Seiten unterhalten werden.

Abwicklung, Evaluierung, Sanierung liegen in der Regel in westdeutschen Händen. Daß moralisch Verdorbene und politisch Schuldige ihre Macht- und Führungsfunktion verlieren müssen, steht völlig außer Frage, aber warum erledigen wir das nicht unter uns? Und dann passiert es uns auch noch, daß wir unsere Unfähigkeit an den Westdeutschen, die unsere Drecksarbeit leisten, mit Vorwürfen und Verdächtigungen abreagieren. Freilich ist die westdeutsche Haltung an diesem Punkt häufig viel zu weich und zu schlapp, zur schnellen Verleugnung eher bereit, vor allem, wenn es um Profit und Effizienz in neuen Strukturen geht. Moral ist gegenüber von Funktionalität und Gewinn eher ein Stiefkind. Und wir haben nicht die Kraft und die Fähigkeit zur klärenden Auseinandersetzung, aber wir klagen und jammern, wenn die »roten Socken« und »alten Seilschaften« mit den neuen Bossen über unser Schicksal bestimmen. Was für eine »Revolution«! Alle bekannten Speichellecker und Nutznießer des alten Systems können mitunter ungeniert die »Vertrauensfrage« stellen und bleiben in »Amt und Würde«, weil die Belegschaft schon wieder (oder immer noch) Sanktionen und Entlassung fürchten muß, wenn einer offen und ehrlich seine Meinung äußert. Die alte zähneknirschende Verbitterung wird durch eine neue resignierende Erfahrung noch tiefer in die Seelen gesenkt.

Man muß sich auch das Ausmaß der notwendigen Neuorientierung vorstellen, die uns der einfachste Alltag abverlangt. Da ist die verwirrende Fülle der neuen Waren, die mit einer unerträglichen Aufdringlichkeit daherkommen und mit den Reklametricks und Sonderangeboten noch den letzten kühlen Rechner fertigmachen. Da sind wichtige Angelegenheiten des Lebens mit unüberschaubaren Konsequenzen und Varianten neu zu regeln

(z. B. Krankenkasse, Altersversorgung, Versicherungen, Geldgeschäfte, Rechtsangelegenheiten), eine Flut von Anträgen und Formularen, eine nie geahnte Bürokratie, ein Steuerdickicht und überhaupt eine unübersehbare Fülle neuer Möglichkeiten, aber auch neuer Verpflichtungen. Dadurch kommt es laufend zu Fehlentscheidungen, dem permanenten Gefühl mangelnden Wissens, von Unerfahrenheit, aber auch die bittere Erfahrung von Betrug und Übervorteilung sind ständige Begleiter der eh schon im Selbstwertgefühl ewig gestutzten Ostbürger.

Die Orientierungspunkte sind verloren, die Werte entehrt – nicht nur die sozialistischen Ideale oder Parteidogmen, nein ganz allgemeine Verhaltensnormen, die Ausbildungen, die beruflichen Erfahrungen, die Umgangsart, unsere beziehungsstiftende Notgemeinschaft und der Tauschhandel, ja selbst die Feindbilder sind verloren – die »abgesteckten« Reviere sind in einem heillosen Durcheinander, die erprobten Beziehungen sinnentleert, und zu allem kommt eine permanente existenzielle Verunsicherung und Ungewißheit vor der Zukunft. Kaum einer ist mehr seines Arbeitsplatzes sicher, und viele haben keine Vorstellung mehr, wie sie sich morgen oder gar im Alter befinden werden, wie sie ihre Existenz sichern können, von Geltung, Einfluß, Bedeutung und gesicherter sozialer Rolle ganz zu schweigen.

Die Bedeutung der Arbeit

Wir wußten bisher nicht, was Arbeitslosigkeit bedeutet. Arbeit war in der DDR selbstverständliches Recht und auch Pflicht. Wer nicht arbeiten wollte, galt als asozial und wurde kriminalisiert, wenn er keine Einkünfte nachweisen konnte. Arbeit konnte angewiesen und verordnet werden – es gab Arbeitsplatzbindungen. Kündigungen waren kaum, nur in extremen Fällen von Pflichtverletzungen möglich. Arbeit war ein Mittel der Erziehung. Es gab »Helden der Arbeit«, das »Kollektiv der sozialistischen Arbeit« – solche Kollektive und Brigaden waren mitunter Gemeinschaften freundschaftlicher Beziehungen. Betriebe übernahmen familiäre Funktionen: Sie boten Beratungen bei persönlichen und familiären Problemen an, sie sprachen Ermahnungen bei Konflikten aus, sie gaben Hilfen und Unterstützungen bei Umzügen, beim Wohnungsbau, bei familiären Feiern und Notlagen, sie förderten die Aus- und Weiterbildung, sie übernahmen Patenschaften für Kinder und Schulklassen, organisierten den Urlaub und die Erholung, sie unterhielten Kinderferienlager, Kinderkrippen und Kindergärten und hatten ein eigenständiges Betriebsgesundheitswesen. In der Organisation der Arbeit waren viele Ideen sozialer Gemeinschaft enthalten und auch verwirklicht.

Das Problem war auch hier vor allem der vormundschaftliche Charakter, so daß ein wirkliches Miteinander und auch eine streitbare Auseinandersetzung zwischen unten und oben nicht möglich waren. Die Gewerkschaften waren im wesentlichen Erfüllungsgehilfen der Partei, sie hatten die Entscheidungen und Maßnahmen von oben nach unten »durchzustellen«. Sie waren niemals eine wirkliche Vertretung der Interessen der Arbeitnehmer. Unabhängig davon aber hatte die Arbeit in der DDR einen hohen Stellenwert. Sie war ein entscheidender Lebensbereich, selten nur ein Job. Arbeit hat Sinn und Geltung verliehen, Beziehungen gestiftet, Arbeit war Stolz und Würde, sie hat Identität verliehen.

Arbeit in der DDR wurde auch heroisiert. Sie war Inhalt des »sozialistischen Realismus« in der Kunst. Jahr für Jahr führten Bäuerinnen und Bauern »Ernteschlachten«, und die Kumpel in den Braunkohle-Tagebauen kämpften erbittert gegen den Frost, um den Ofen des Volkes auch in harten Winterzeiten nicht kalt werden zu lassen. Erfolgsmeldungen aus der Produktion und Planübererfüllungen waren das tägliche Futter, mit dem uns die Medien vollstopften. »Aktivisten« waren die Vorbilder der Nation, in den Betrieben hingen Fotos von Bestarbeitern (»die Straße der Besten«), und die meisten Berufsgruppen hatten jährliche Ehrentage mit Dankesreden, Auszeichnungen, Prämien und Orden.

Arbeit war die selbstverständlichste Lebensgrundlage. Selbst während der »Wende« war Streik noch ein Tabu, die »Revolution« fand infolgedessen erst nach Feierabend statt. Selbst die schmutzigste, primitivste und entfremdetste Arbeit hatte noch ihren Glanz. Wir brauchten dafür keine Türken.

Arbeit war ein Instrument der Macht und ein Mittel gegen die Macht. In jedem Betrieb gab es eine Parteigruppe, die das gesellschaftliche Leben organisierte und kontrollierte. Über die Arbeitsverteilung, beruflichen Aufstieg, Löhne und Gehälter und Privilegien, wie Dienst- und Urlaubsreisen, war die Arbeit ein Vehikel, um Machtinteressen durchzusetzen. Auf der anderen Seite konnte über die Arbeit aber auch passiver Widerstand geleistet werden, Arbeit war oft gewollter Schludrian und Schlendrian, war Hohn und Spott, war Diebstahl und Gelegenheit zum Schimpfen und Fluchen. Auf diese Weise konnte auch gegen den ideologischen Terror, der über die Arbeit auf die Menschen ausgeübt wurde, gegen die Qual der Verpflichtungen und Wettbewerbsprogramme heimlich oder indirekt opponiert werden.

Arbeit in der DDR war in jeder Hinsicht affektiv besetzt. Arbeit hatte eine zentrale Bedeutung zur Kompensation von Mangelsyndrom und Gefühlsstau und sie war die allgemeingültigste und selbstverständlichste Beschwichtigungsweise für das eingemauerte Leben. In diesem Käfig war Arbeit die wichtigste Beschäftigung und

Ablenkung, ob als »Aktivist« oder als »Saboteur«. Die Arbeit schenkte den Ersatzrhythmus für das erstarrte Leben. So wurden auch Entfremdung, Ausbeutung, Verblödung und Terror durch Arbeit immer schmerzloser geduldet und Leistung, Erfolg, Stolz, Identität und Würde mittels Arbeit zur rettenden Überlebensstrategie in einem verachteten Gesellschaftssystem.

Das alles fegt die Marktwirtschaft gnadenlos hinweg. Den Ostdeutschen wird ihr wichtigstes Kompensationsmittel genommen. Jeder Politiker und Wirtschaftler wußte von der nicht vermeidbaren Arbeitslosigkeit, aber was dies hier bedeutet, konnten und können sie vermutlich nicht erfassen. *Nehmt uns die Freiheit, aber gebt uns Arbeit!* Das ist für viele erträglicher als: *Gebt uns die Freiheit und nehmt uns die Arbeit!* Arbeitslosigkeit konfrontiert uns mit allen verdeckten und unbewältigten seelischen Problemen, das ist der Grund für die Verzweiflung, Verbitterung, Empörung und die anwachsenden Suizidgedanken. Dies läßt sich auch durch ein Netz sozialer Maßnahmen nicht hinreichend beschwichtigen. Die psychischen Reaktionen auf Arbeitslosigkeit werden noch verstärkt durch die enttäuschte Hoffnung auf ein endlich besseres Leben im versprochenen und ausphantasierten Wohlstand. Endlich sollte die Schmach des Lebens als Mensch zweiter Klasse getilgt werden. Soeben noch die Westmark verzückt in den Händen, zerrinnt das trügerische Glück mit der unerträglichen Kränkung, nicht mehr gebraucht zu werden. Am Ende eines harten Arbeitslebens keinen Reichtum vorweisen zu können, weder Ehre erfahren noch in Erfahrung geehrt zu werden, läßt Lebensgebäude zusammenstürzen.

Wer hier allein auf die Altlasten sozialistischer Mißwirtschaft, auf die notwendigen marktwirtschaftlichen Gesetze mit dem zynischen Vermerk verweist, lieber ein Ende mit Schrecken als ein Schrecken ohne Ende, verrät für mein Empfinden eine mangelnde Sensibilität für menschliche Belange, die ich nur noch als Ausdruck eigener seelischer Verkümmerung verstehen kann. Wenn die menschlichen Bedürfnisse in diesem politischen und wirtschaftlichen Veränderungsprozeß nicht mehr hinreichend berücksichtigt werden, ist diese Politik und Ökonomie nicht mehr in Ordnung. Dann stehen sie nicht mehr im Dienste der Menschen, sondern sind Ausfluß einer gesellschaftlichen Fehlentwicklung und ökonomischer Selbstzweck.

Arbeit im Osten steht durch die emotional vielfache und auch ambivalente Besetzung in einer ganz anderen Bedeutung als im Westen. In der DDR hat Arbeit den Menschen Sinn verliehen, Beziehungen gestiftet und Affekte gebunden. Im Westen sehe ich die Arbeit viel häufiger als einen Job, geldorientiert, damit nach der Arbeit das »eigentliche Leben« erst richtig (vergnügungsorientiert) losgehen kann. So ist Arbeitslosigkeit bei uns zusätzlich zur existentiellen Bedrohung ein entscheidender Verlust an seelischem und sozialem Halt. Die dunkle Gefahr, die sich da zusammenbraut, wird noch zusätzlich angeheizt durch die Tatsache, daß viele Westdeutsche meinen, uns jetzt das »richtige Arbeiten« beibringen zu müssen und daß für viele die äußere Freiheit (z. B. Reisen) zwar möglich und lang ersehnte Waren erreichbar, aber dennoch nicht zu erwerben sind.

Auf Arbeitslosigkeit reagieren manche auch mit scheinbarem Gleichmut oder einer lässigen Geste der Erleichterung: Endlich von einer Last befreit, mal ausschlafen, im Garten arbeiten und den kleinen Vergnügungen nachgehen, zu denen man lange keine Zeit mehr hatte! Ich sprach mit Kurzarbeitern bei Null, also im Grunde genommen Arbeitslosen, die nur etwas mehr Geld bekommen, die angebotene Umschulungen nicht in Anspruch nehmen wollten, solange sie noch »ausgehalten«

werden. Daß man endlich mal für Nichtstun, für keine besondere Leistung etwas bekommt, das ist ein erfüllter Kinderwunsch bei vielen. Leider wird der Ernst der Lage, die rauhe Wirklichkeit mit einer solchen Haltung nur allzu leicht verdrängt und die Illusion genährt, daß sich doch weiterhin jemand um einen kümmern werde. Es ist das krampfhafte Festhalten an der Versorgungs-Illusion, die infolge der infantilen Defizite auch noch das Erwachsenenalter entscheidend prägt und von der ehemaligen Obrigkeit auch geschickt genutzt wurde, um die Infantilisierung des Volkes machterhaltend zu sichern.

So verstärkt die Konfrontation mit Arbeitslosigkeit bei manchen die neurotische Abhängigkeit und Fürsorgesehnsucht und bedeutet andererseits für viele eine extreme Verunsicherung ihres Lebens, da Arbeit nicht nur zum notwendigen Broterwerb diente, sondern eine wichtige Kompensationsaufgabe im eingemauerten und entfremdeten Leben bedeutete.

Arbeitslosigkeit als Chance, Neues zu entdecken, sei es als Nachdenken über das ganz individuelle Leben, die bisherige Berufswahl, die persönliche Bedeutung der Arbeit oder sei es, sie im Zusammenhang mit den gesellschaftlichen Verhältnissen als einen möglichen Anlaß für eine politische Neuorientierung zu nehmen und den Kampf für bessere Lebensverhältnisse als eine breite Grundlage für eine neue Solidarität der Betroffenen zu organisieren – dies ist noch kaum erkennbar, höchstens im Einzelfall, jedoch nicht als eine sich neu formierende Kraft. Hier haben für meine Begriffe bis jetzt auch die westlichen Gewerkschaften versagt, die den Tarifkampf – wie im Westen üblich – in den Vordergrund ihrer Tätigkeit stellen und sich nicht vorrangig für neue Konzepte der Arbeitsverteilung und -organisation einsetzen.

Ungeeignet für die Marktwirtschaft

Daß der Umstieg von der Planwirtschaft auf die Marktwirtschaft so unerwartet große Schwierigkeiten bereitet, wird immer wieder mit Verwunderung vermerkt und das ungeahnte Ausmaß sozialistischer Mißwirtschaft, die schwierigen Rechts- und Eigentumsfragen als Erklärung angeführt, doch ein Hauptfaktor dieser Probleme wird regelmäßig übersehen: die Menschen! Wir sind auf Kommandowirtschaft sozialisiert und nicht auf Marktwirtschaft, das sind fast polare Gegensätze. Planwirtschaft ist die ökonomische Form der autoritär-repressiven Verhältnisse, also Anpassung durch Unterwerfung, Ängstigung, Hemmung und Zwang – Marktwirtschaft nötigt zum expansiven Wettbewerb, zur Entfaltung und Ausdehnung. Mit Gehemmtheit geht man auf dem Markt sang- und klanglos unter. Mit eigenständiger Aktivität war man dem Planbürokraten eine Gefährdung. Was in dem einen System zum höchsten Erfolg führte, bedeutete im anderen Abstieg oder Ausgrenzung.

In der DDR war die Haltung des angepaßten Untertanen die günstigste Variante, in diesem System leben zu können: also relativ passiv und abhängig, sich rat- und hilflos gebend, sich versorgen und führen lassen – auf keinen Fall selbständig, kritisch, innovativ und kreativ sein: das hätte nur Ärger bedeutet. Man durfte zwar fleißig und tüchtig sein, höchste Leistungen zu erbringen, gehörte auch in der DDR zu den gebotenen Pflichten, doch stets (das ist das Entscheidende) im Auftrag von oben, nach der jeweiligen Linie der Partei. Wer folgsam in diesen engen Bahnen sich abhetzte, kam zu höchsten Ehren (siehe Leistungssportler!), wer aus eigenem Antrieb für persönliche Interessen gleiche Energien aufbrachte, war gefährdet durch Erkrankung, Haft oder Ausbürgerung.

So bleiben grundsätzliche Schwierigkeiten, in der Marktwirtschaft bestehen zu können. Da ist:

1.) *Die Unfähigkeit selbständig zu sein, auch die Unfähigkeit, ohne Autoritäten auszukommen:* Diese Menschen fühlen sich hilflos, ausgeliefert, ratlos, überfordert, sie klagen und jammern: Ich kann das nicht, das ist mir zu viel, ich weiß nicht, was soll ich nur tun. Minderwertigkeits- und Insuffizienzgefühle dominieren mit der Tendenz zu Schuldgefühlen und zur Depressivität. Sie suchen Anlehnung, sie nehmen jeden Herren, sie brauchen die Unterwerfung, und sie sind meist unzufrieden, unglücklich, nörglerisch und fallen anderen zur Last.

Das Verhalten und Erleben dieser Menschen ist das traurige Ergebnis einer permanent-repressiven Erziehung, die Lebendigkeit, spontane Aktivität und individuelle Einmaligkeit im kollektiven Zwang erstickt. So werden Mitläufer und Untertanen erzeugt, um die eigene tönerne Macht und fragwürdige Größe zu sichern, die aber letztlich auf Dauer keine Überlebenschance hat. Die erzeugte angstvolle Lahmheit höhlt die Grundlagen für notwendige Entwicklungen und Veränderungen aus und bringt so das System allmählich selbst zur Erlahmung.

2.) *Die Unfähigkeit zu entscheiden und kritisch gegen Autoritäten zu sein:* Diese Menschen sind ängstlich, schüchtern, feige, höflich-devot, meist auch freundlich und hilfsbereit, sie können schlecht ablehnen, nicht nein sagen und sich auch nicht durchsetzen. Sie sind willige Diener und »Arbeitstiere« und leiden infolgedessen häufig an funktionellen und psychosomatischen Beschwerden. Sie sind in ihre Loyalität unsicher, leicht verführbar, sehr suggestibel – die typischen Opfer aller Sonderangebote, Trends und Moden. Sie schwatzen und tratschen und hetzen gern, sind indirekt und heimlich feindselig sowie intrigant, schadenfroh und neidisch.

Solche Menschen waren in der Planwirtschaft brauchbar, ohne sie hätte das System der Kommandos auch nicht funktioniert. Sie sind auch in der Marktwirtschaft hervorragend auszubeuten, wunderbar geeignet für einen 12-14-stündigen Arbeitstag. Sie haben sich mit ihrem Schicksal (scheinbar) abgefunden, weil ihre vordergründige Willigkeit ihnen hilft, den hintergründigen Haß zu verbergen. Das Problem im Wechsel der Systeme ist ihre Unsicherheit und Bescheidenheit. Da sie sich schlecht behaupten können, verlieren sie leichter ihren Arbeitsplatz und haben es schwerer, neue Arbeit zu finden, es sei denn, sie wird ihnen gebracht, dann funktionieren sie wieder. Sie verbergen in sich alte Zurücksetzungen, Ablehnungen und suggerierte Minderwertigkeiten.

3.) *Die Unfähigkeit zur beständigen Anstrengung und Leistung, auch die Unfähigkeit, Autoritäten zu akzeptieren:* Diese Menschen sind in einer chronischen Protest- und Abwehrhaltung, meist gereizt, mürrisch, innerlich gespannt, querulatorisch, halt- und bindungslos mit geringer moralischer Verbindlichkeit. Sie neigen zur Arbeitsbummelei, Unzuverlässigkeit, zu kriminellen Delikten, Alkoholismus, Streitsucht und Drogenmißbrauch.

Sie sind die ersten Opfer der Marktwirtschaft, weil sie sofort entlassen werden. Sie verlieren im Wechsel der Systeme die »familiäre« Anbindung an die Arbeitskollektive und die Kontrolle durch die Betriebe, was häufig auch gleichbedeutend mit Stasi war. Solche Menschen tragen selbst tiefe seelische Verletzungen und Erfahrungen von Gewalt in sich, ihnen wurden schon sehr früh zuverlässige Bindungen verweigert. Da sie jetzt sofort im gnadenlosen Kampf um Effizienz Ausgestoßene sind, werden sie das wachsende Heer der Sozialhilfeempfänger, der Radikalen und Kriminellen, der Obdachlosen und »Penner« abgeben. Wer die Zahl der davon Betroffenen unterschätzt, der versteht nichts von den Mechanismen und Folgen repressiver Verhältnisse in einem totalitären System.

In diesen drei Gruppen finden sich viele ehemalige DDR-Bürger als Opfer einer schädigenden Sozialisation wieder, die mit der Entmachtung der Verursacher noch längst nicht überwunden ist. Marktwirtschaft verschärft das Leiden nur noch. Nun schlagen die Gesetze des Marktes mit der unerbittlichen egoistischen Leistungshaltung aus den Behinderungen offene Wunden.

Nur die kleine Gruppe derjenigen, die sich in der *Identifikation mit dem Aggressor* selbst den Weg der autoritären Macht gewählt haben, ist auch für die Marktwirtschaft relativ gut vorbereitet. Es ist wiederum nur die halbe Wahrheit, wenn zur Entschuldigung für die Blitzwende mancher Bonzen zum Manager auf ihre fachliche Leistung und Kompetenz verwiesen wird, vielmehr ist es wohl die charakterliche Ausformung von Macht- und Leistungswille als ein aggressives Ausagieren der eigenen erlittenen inneren Ohnmacht und als Abwehr der ungestillten Sehnsucht nach Annahme und Bestätigung, die diese Menschen für die oberen Etagen in diesem wie in jenem System geeignet macht. Entscheidend dabei ist die emotionale Abpanzerung und kühle Funktionalität.

Die Massenarbeitslosigkeit ist eine soziale und nationale Katastrophe. Die Marktwirtschaft verschärft die psychosozialen Defizite und Behinderungen. Die riesigen Summen der Arbeitslosen- und Kurzarbeitergelder, der Löhne und Gehälter, die gepumpt, aber nicht erwirtschaftet wurden, sind das Trostpflaster des Stillhalte- und Schweigegelds für alte wie neue Not.

Das soziale Netz unter dem Wendesalto im Vereinigungszirkus hat eine tragische Doppelfunktion: Es schützt uns vor dem schmerzlichen bis tödlichen Aufprall und dem Erwachen aus der sozialistischen Luftnummer, und es wiegt uns weiterhin in einer illusionären Sicherheit, als wären unsere Flüge und Sprünge auf ewig abgefedert. Was auf der einen Seite nicht so weh tun soll, fördert auf der anderen Seite die neurotische Abhängigkeit und Versorgungsmentaltität. Das Netz zu nehmen, wäre ebenso zerstörerisch, wie es weiter auszuspannen. Nur wenn der ganze Zirkus die Nummer ändert und seine Kunst auf den sicheren Boden verlagert, finden wir aus diesem Dilemma heraus.

Wir im Osten sind ganz offensichtlich zur Luftakrobatik nicht gut geeignet, und ihr im Westen solltet euch fragen, wie wohl und sicher ihr euch da oben im Trapez noch fühlt. Um die circensische Metapher aber nicht überstrapazieren zu wollen, muß ich klar und deutlich aussprechen: Wir brauchen tatsächlich einen dritten Weg, der die Fehlentwicklungen und Unfähigkeiten des Ostens und Westens ausgleicht und eine neue, gemeinsame Identität allmählich finden läßt.

Soeben gab Egon Bahr ein Interview, und ich hörte ihn mit Blick auf die großen wirtschaftlichen Probleme der Sowjetunion sinngemäß sagen, kommen die Waren nicht zu ihnen, kommen die Menschen zu den Waren. Das ist bestimmt richtig und ist eine Abwandlung des Wendeslogans: Kommt die DM nicht nach hier, gehen wir zu ihr! Daß sich unsere Sehnsüchte so materialisiert hatten, dafür gab es damals noch ein bestimmtes Verständnis, doch inzwischen sehen das hier zumindestens viele anders. Es ist vielleicht ein großes Verhängnis, daß der Westen gar nicht mehr anders denken kann und sich nun auch ein riesiges Wirtschaftswunder »Ost« vorstellen möchte und dabei zum Opfer einer grandiosen Überschätzung der angeblich segensreichen Kräfte und Wirkungen des Marktes wird.

Was sich jetzt in Deutschland bereits als Schwierigkeit ankündigt, wird die Zukunft in Europa und auf der Welt stärker bestimmen, als uns allen recht sein wird. Diese »soziale Marktwirtschaft« hat ihre Grenzen längst erreicht. Das Geld hat zwar über eine Politbürokratie gesiegt, aber zur Befriedung der ganzen Welt wird es nicht reichen, vor allem qualitativ nicht. Wenn die Macht des Geldes nicht durch die überzeugende Kraft mitmenschlicher Beziehungen relativiert wird, folgt dem Zusammenbruch der sozialistischen Utopien das Chaos eines unbarmherzigen Verteilungskampfes und der endgültige Ruin des bereits gekippten ökologischen Gleichgewichtes.

So wenig die deutsche Vereinigung das Ergebnis einer erfolgreich-vernünftigen Deutschlandpolitik ist, sondern die Notadoption und mühevolle Aufpäppelung eines verkommenen Bastards deutscher Nation, so wenig ist auch die Beilegung des Ost-West-Konfliktes menschlicher Einsicht und Reife zu verdanken, sondern es ist die äußerst gefährliche Folge eines gnadenlosen Wettrüstens als Ausdruck einer Politik der Irrationalität. Wir können offensichtlich Verständigung und Frieden nicht ertragen. Im gleichen Augenblick, wo im »Ballsaal« der Weltgeschichte eine große Feier der Versöhnung abläuft, beginnt in den »Hinterzimmern« ein erbitterter Kampf um die Abfallreste des festlichen Diners. Am Golf, in den Republiken der zerfallenden Sowjetunion und auf dem Balkan entzündet sich die destruktive Energie dieses Jahrhunderts erneut zu einem Feuer, das schon längst mit seinen dunklen Wolken aus dem Süden auf uns zuweht.

Ich bin ein Utopist, und wer noch glaubt, die Marktwirtschaft und die westliche Demokratie könne unser Überleben in Frieden und Wohlstand sichern, ist ein Illusionist. Wir sind heute in Deutschland die Puppenbühne, auf der das große Welttheater eine kleine Probe hat.

Die ungeeigneten Bewältigungsversuche

Orientierungsverlust und existentielle Verunsicherung schaffen ein Klima von Spannung und Gereiztheit, von Enttäuschung und Verbitterung, von neuer Demütigung und Kränkung, was die alten Wunden vertieft, statt heilt, wobei das Auftreten vieler Westdeutscher die Verletzungen noch verschärft. Die positiven Erfahrungen aus der Wendezeit haben Hoffnungen geschürt, durch deren Nichterfüllung der Absturz in die alte Verzweiflung und Resignation noch nachhaltiger wird.

Auf diese allgemeine umfassende Labilisierung gibt es unter den Menschen zwei auffällige Reaktionen. Die Expansion und die Kontraktion – die Flucht nach vorn und den resignierten Rückzug. Beide Varianten halte ich für neue Fehlentwicklungen.

Um es gleich vorweg zu nehmen und den Nörglern, die bereits den *Gefühlsstau* wegen der »Pauschalisierungen« verrissen haben, den Wind aus den Segeln zu nehmen, sei noch einmal betont, daß ich sowohl in der damaligen wie auch in der jetzigen Analyse unserer Situation und Verhältnisse bewußt verallgemeinere. Darin sehe ich die große Chance, Politik und gesellschaftliche Entwicklung auch als einen Ausdruck der psychosozialen Fehlentwicklung vieler Menschen zu begreifen. Die Gleichartigkeit der Ursachen verschiedener, speziell ausgeformter Störungen, läßt grundlegende Wirkmechanismen erkennen, die gehäuft vorkommend zum Massenphänomen werden, wodurch sowohl das umfassende Mitläufertum einer Diktatur wie auch das Wahlverhalten einer Demokratie entscheidend bestimmt und beeinflußt werden. Und natürlich gibt es so viele verschiedene Möglichkeiten, auf die deutsche Vereinigung zu reagieren und sie mitzugestalten, wie es Menschen gibt, die davon betroffen sind, und jede einzelne Variante hat ihre unverwechselbare Würde mit aller Ehre und Schuld.

1.) *Die Expansiven:* Ich sehe wenige, die schnell die neuen Zeichen der Zeit verstanden haben, die zu einer Blitzwende in der Lage waren und erfolgreich und stimmig die Saiten des neuen Instrumentes anschlagen und zum klingeln bringen können. Zu dieser Gruppe zähle ich vor allem neue Politiker, geschickte Wende-Bonzen, mutige und clevere Unternehmer. Auch diejenigen, die sich ihrer Betroffenheit mittels einer Flucht nach vorn zu entziehen verstehen, die im Reisen, Kaufen, Ausprobieren, Kennenlernen, im hysterisch-expansiven Ausagieren Trost und Ablenkung finden, gehören in diese Gruppe der Wenigen.

Ich zögere, zu sagen, daß es sich hierbei um eine konstruktive Form der Bewältigung handelt, eher möchte ich dies als sozial gebilligte und erwünschte Verhaltensweise verstehen im Unterschied zu der anderen, auch relativ kleinen Gruppe, der *destruktiv-expansiven* Abreaktionen. Da sind vor allem die radikalen Gruppen zu nennen, die wachsende Zahl der Kriminellen und der Täter im Straßenverkehr. Mir ist es dabei sehr wichtig, nicht mit dem Finger, der Sündenböcke bestimmt, auf die Szene der Radikalen zu zeigen. Ich habe nach meinen Kenntnissen keinen Zweifel daran, daß diese Jugendlichen Symptomträger einer gewalttätigen Gesellschaft sind, durch die sie jetzt wie früher Mißhandelte, Verachtete, Nichtverstandene und Ausgegrenzte sind.

Wenn ich auch nur wenige Fälle konkret belegen kann, so bin ich doch sicher, daß in jedem Einzelfall eine bittere Lebensgeschichte von selbst erfahrener körperlicher Gewalt, seelischem Terror oder mangelnder liebevoller Annahme und Bestätigung zu diagnostizieren ist. Es sind die Jugendlichen, die auf ihre Art einem bedrohlichen inneren Chaos Ausdruck verleihen, weshalb auch ihr Ruf nach Disziplin und Ordnung, nach straffer Führung und Gehorsam so häufig ist. Sie setzen darin fort, was ihnen selbst in einem bitteren Kampf der Unterwerfung angetan und abverlangt worden war. Sie haben schließlich die erzwungene Norm verinnerlicht, es ist das brutale Korsett, das Mitgefühl und Empfindsamkeit abprallen läßt, um den eigenen Schrei der mißhandelten Seele nicht ständig hören zu müssen. Die Stasi ängstigte, um die eigene Angst zu bannen. Die Radikalen bedrohen und verletzen, um nicht die eigene Bedrohtheit und Verletzung zu empfinden. Der oft blutige Kampf gegen alles »Fremde« weist auf das unannehmbare Fremde in ihren Seelen hin, auf das Dunkle, den Schatten, den sie unbenennbar in sich tragen. Und in der Hoffnung, dieser Qual ein Ende bereiten zu können, verjagen und erschlagen sie alles Fremde außerhalb.

»Deutschland den Deutschen«, »die Ausländer nehmen uns die Frauen und die Arbeitsplätze weg«, sind Äußerungen, die ganz vordergründig auf den inneren Mangel an Raum, an Selbstsicherheit und Zukunftsgewißheit hinweisen. Der Kampf gegen die käufliche Liebe in der Maske der sauberen und anständigen Jungs weist auf eine Furcht vor Nähe und wirklicher Liebe hin, auf eine ungestillte, brennende innere Sehnsucht, die in der heftigen Ablehnung der Prostitution stellvertretend beschwichtigt werden soll. Was die Mütter ihnen nicht gaben, bekommen jetzt die Nutten ab, die selbst einen schweren Packen an Beziehungsstörung und Bindungslosigkeit zu tragen haben. Und indem sie dies tun, verschonen sie immer noch die eigentlichen Verursacher ihres Elends und dürfen sich sogar noch der fragwürdigen moralischen Unterstützung ihrer ehemaligen Peiniger sicher sein. Im Kampf gegen die Prostitution soll verzweifelt die eigene Liebessehnsucht, die Lustunfähigkeit und Beziehungsstörung vergessen werden. Wenn der sexuelle Druck zur körperlichen und emotionalen Nähe nötigt, durch die fehlende Liebeserfahrung aber Mißtrauen, Angst und Unsicherheit bestehen, sind brutale und sadistische Akte eine unglückliche Form der Konfliktdämpfung. So wird Gewalt zur Möglichkeit, um Nähe zu vermeiden, um garantiert auf Distanz zu kommen und gleichzeitig am anderen das abzureagieren, was man selbst erfahren hat. Das martialische Auftreten, die Gefühle von Größe und Stärke in der Gemeinschaft sollen die eigene Ohnmacht und Minderwertigkeit dämpfen, die ihnen durch Strenge, Härte und Unterwerfung bereitet wurden und die jetzt durch soziale Bedrohungen verschärft werden.

Dies alles mit Verteufelung, Ausgrenzung und polizeilicher Gewalt bekämpfen zu wollen, ist wie Öl aufs Feuer zu gießen. Hier sind Verstehen und eine mühevolle Sozialarbeit viel eher angezeigt, doch noch entscheidender ist die notwendige Prophylaxe, die nur in einer sozialen Gemeinschaft möglich wird, die Lieblosigkeit, Repression und Gewalt drastisch vermindern kann. So lange autoritäre Strukturen eine Gesellschaft beherrschen, so lange soziale Ungerechtigkeiten zum Wirtschaftsprinzip gehören und Krieg als Lösung politischer Konflikte akzeptiert wird, werden radikale Minderheiten uns einen Spiegel vorhalten.

2.) *Die Kontrahierten (die Gehemmten):* Das erneute Gefühlsverbot (»friedliche Revolution«), die enttäuschte Hoffnung (keinem soll es schlechter ergehen), die Aufschwunglüge, die reale Existenzbedrohung, der erlebte Orientierungsverlust und Werteverfall, der Identitätsbruch, die Unsicherheit und Unerfahrenheit gegenüber der westlichen Lebensart, die nun zur Leitlinie und bestimmenden Ordnung gemacht wurde, bedienen alle die vorhandenen tiefsitzenden Erfahrungen von Abhängigkeit, Ohnmacht und Minderwertigkeit. So wird zum Schutz auf die alten Widerstands- und Abwehrformen zurückgegriffen. Man wartet ab, läßt die Dinge schleifen, resigniert, schimpft, klagt, jammert und stöhnt, läßt sich (widerwillig meist) zu Umschulungen schicken, ist noch bereit zu lernen, aber nur im Sinne von Einpauken, man stellt Fragen und will Antworten, man lernt die neue »Sprache« auswendig und gibt sich brav, angepaßt, gelehrig oder bleibt insgesamt verhalten-passiv. Man zückt den Stift und schreibt gehorsam auf, aber man diskutiert nicht wirklich, vor allem nicht kritisch gegen die neuen Mächtigen. Zuerst wurden diese geradezu kritiklos überhöht, sie machten praktisch alles richtig und wußten alles besser, nachdem aber dieses fälschliche Zutrauen durch die wachsende soziale Misere erschüttert wurde, wächst der alte passive Widerstand, mit dem schon die SED-Bonzen zur Verzweiflung gebracht worden waren.

Eine eisige Mauer des Schweigens und Ausweichens, Blicke der Verachtung und Gesten des nichtausgesprochenen Protestes und der Ablehnung bereiten den westlichen Beratern und »Kolonialherren« eine zunehmende Enttäuschung und Verunsicherung. Die unausgetragene Aggressivität auf beiden Seiten belastet die Beziehungen. Die westliche Art der arroganten Bekehrung scheitert an der östlichen Art der stillen Verweigerung. Die unterschiedlichen Erwartungen, gewachsen aus den sehr verschiedenen, mitunter polar entgegengesetzten Sozialisationen, prallen unversöhnlich aufeinander. So scheitert die Vereinigung! Es kommt nicht zum gegenseitigen Verstehen und sich Einfühlen, es kommt nicht zu einem allmählichen Annähern der Erfahrungen und Standpunkte. Sollte das passieren, dann müßten sich allerdings beide

Seiten verändern und dazulernen. Andernfalls geschieht eben nur eine neue Auslese: Für die neue Gesellschaft werden halt neue passende »Kader« gebraucht, und wer den Akt der neuen Anpassung nicht mitvollziehen will oder kann, der ist draußen. Er wird vermutlich nicht verfolgt, bedroht und bespitzelt, aber durch Armut in vergleichbarer Weise ausgegrenzt, bestraft und gezeichnet.

Die Verzweiflung der Menschen ist groß und wächst immer mehr, die Verbitterung ist unüberhörbar, sozialer Neid und gereizte Aggressivität wachsen – die Gefahr sozialer Unruhen oder rechtsradikaler Tendenzen mit dem Ruf nach einem »starken Mann«, der für alle Kränkungen und Demütigungen die Schuldigen nennt und den Ausweg verheißt, ist ziemlich groß – jedenfalls wird durch die bisherige Vereinigungspolitik genau diese Tendenz gefördert und nicht der konstruktive Protest und die notwendige Auseinandersetzung und Abgrenzung gegen die Übermacht der westlichen Kultur. Die ehemalige Nötigung zur gehemmt-kontrahierten Anpassung, die stets mit gestauter Aggressivität verbunden ist, ist mit der Vereinigung nicht geringer, sondern noch größer geworden. Die Altlast psychosozialer Fehlentwicklung durch permanente Repression erfährt eine Zuspitzung und Verschärfung durch die neue Last einer verfehlten Vereinigungspolitik und einer brutalen Wirtschaftsstrategie, die ihrerseits Ausdruck der charakteristischen psychosozialen Fehlentwicklung westlicher Prägung ist.

Was wir jetzt dringend brauchen, ist unsere eigene Identität zu bestimmen und zu entwickeln (keine DDR-Identität bewahren zu wollen) und uns kritisch mit der West-Identität auseinanderzusetzen. Wir brauchen die Fremdheit, Unterschiedlichkeit und Verschiedenheit in der Einheit. Es geht um einen längeren Prozeß, der mindestens eine Generation brauchen wird, um eine neue gemeinsame gesellschaftliche Identität zu finden. Die DDR ist verloren, Gott sei Dank – die alte Bundesrepublik kann nur sehr schwer akzeptieren, daß auch ihre Stunde längst geschlagen hat, und wir zu einem gemeinsamen Neuen aufgerufen sind.

Die »Sieger«

Ich war im letzten Jahre sehr bemüht bei zahlreichen Seminaren und Workshops, bei Vorträgen und Diskussionen, in persönlichen Kontakten und durch Studium der veröffentlichten Meinungen mir ein Bild zu machen, wie Westdeutsche auf die deutsche Vereinigung reagieren und was dabei in ihnen ausgelöst wird. Dabei fielen mir sehr bald erhebliche Unterschiede auf, die vor allem durch die Geographie, durch den Beruf bzw. die soziale Schicht und die schon bestehenden Beziehungen zur ehemaligen DDR bestimmt waren. So ist in den grenznahen Gebieten und vor allem in Westberlin die affektiv besetzte Auseinandersetzung wesentlich größer als in den entfernter liegenden Gegenden. Die Ostdeutschen bringen Leben, Unruhe, Störung, Belästigung in das ehemalige Zonenrandgebiet, und sie beleben vor allem das Geschäft. Im tieferen Süden und Westen ist eher ein Desinteresse bemerkenswert, etwa im Sinne: Wir wollen nicht gestört werden, was geht uns das alles an!

Die familiären, freundschaftlichen und kollegialen Vor-Wende-Beziehungen sind jetzt grundsätzlicher angefragt und ändern sich zumeist viel stärker als je gedacht. Ich will einige Aussagen als Beispiele anführen, die von diesem Geschehen einiges deutlich machen: »Es war ein schönes Gefühl, Pakete packen oder einen vollen Koffer ausbreiten zu können, aber wenn wir jetzt im Wohnzimmer zusammensitzen, dann ist manches sehr viel schwieriger!« – »Ich ärgere mich, daß meine Verwandten jetzt nach Italien fahren und mich nicht mal besuchen kommen; früher waren sie sehr froh, wenn sie hier sein konnten und von mir versorgt wurden, jetzt schmeißen die ihr Geld hinaus, das kann ich mir nicht leisten!« – »Was die sich denken, jetzt genügt schon der VW nicht mehr, so anspruchsvoll sind die geworden, was haben wir dafür hart arbeiten müssen!« – »Gott sei Dank sind wir in der Mehrzahl im Westen, ich habe Angst vor den Ostdeutschen, vor ihrem Neid, ihrer Gier und Mißgunst!« – »Die sind so lahm, so zögerlich – mich bringen das Abwarten und Fragen, die Verweigerung und der stille Protest ganz auf; ich bin so enttäuscht und sauer, daß es dort im Osten nicht so flutscht!« – »Am Anfang war ich wütend, weil die Ostdeutschen alles unkritisch hingenommen haben, jetzt verzweifle ich an der Eiseskälte, an den Blicken und Gesten, aus denen ich spüre, daß etwas ganz anderes gedacht als gesagt wird!« – »Jetzt bringen wir euch schon so viel Geld, und ihr seid immer noch nicht zufrieden und dankbar!«

Am verbreitetsten und deutlichsten ist eine Haltung vorzufinden, die der eigenen Selbstgerechtigkeit und Selbstbestätigung dient: *Der Osten verstärkt das Gefühl der Überlegenheit* (»noch nie erschien die BRD so schön wie im Vergleich mit der DDR« – Till Schneider am 27.4.90 in der *Zeit*):

Der »real existierende Sozialismus« ist zusammengebrochen, wir haben es ja schon immer gewußt, das konnte ja auch nicht gut gehen, wir sind eindeutig überlegen, wir haben gewonnen, wir sind einfach tüchtiger. Ich bin doch ganz dankbar, daß ich im Westen leben konnte. Bei uns ist auch nicht alles in Ordnung, aber im Vergleich zur ehemaligen DDR geht es uns hier wirklich hervorragend. Wir haben uns das natürlich hart erarbeiten müssen, das dürfen die im Osten nicht vergessen. Das müssen die erstmal noch lernen. Wir sind auch moralisch überlegen, wenn man bedenkt, wieviel sich von den Ostdeutschen in der SED und bei der Stasi die Hände schmutzig gemacht haben. Da kann man unsere Skandale getrost beiseite legen, das wird bei uns eh alles irgendwie aufgedeckt und geklärt, das verkraftet unsere Demokratie schon. Wir werden mit den wirtschaftlichen und ökologischen Problemen auf der Welt schon fertig im Gegensatz zu den Staaten des Ostens.

Diese Haltung benutzt den Osten wie eine dunkle Wand, vor deren Hintergrund der Westen richtig hell erstrahlen kann. Alle Bedenken und Selbstzweifel sind überflüssig geworden. Ja, Zweifel werden sogar als bedrohlich erklärt, weil die Überlegenheit und Stabilität des Westens die einzige Hoffnung für den Osten sei. Darin liegt natürlich auch die große Gefahr, daß unterschwellig überhaupt kein wirkliches Interesse daran besteht, daß sich die Kluft zwischen Ost und West schließen könnte, weil damit das herrliche Überlegenheitsgefühl verloren ginge. Die Existenz minderwertiger Brüder und Schwestern führt zur eigenen psychischen Stabilisierung. Die Not und Schwäche der Ostdeutschen, ihr Neid und ihre Begehrlichkeit helfen, daß sich die Westler großartig bestätigt fühlen. Mit dem Zusammenbruch der DDR wird der häufigste Kompensationsmechanismus des Westens (Größenselbst zur Abwehr innerer Not) richtungsweisend und nachhaltig verstärkt.

Dazu paßt auch eine Haltung, die vor allem von den Medien aufgebaut wird und ihnen zugleich hohe Auflagen und Einschaltquoten sichern: *Der Osten, das interessante Objekt!*

Der Osten als Medienspektakel, als dankbares Objekt, um die eigenen westlichen Probleme nicht mehr sehen und darstellen zu müssen, sondern sie nur noch im Osten zu denunzieren: die Arbeitslosigkeit, die Ausländerfeindlichkeit, die rechtsradikalen Tendenzen, die Gewalt und Kriminalität, das Verkehrschaos, die Umweltkatastrophe, die Armut und die mangelnde Vergangenheitsbewältigung, die seelischen Probleme der Menschen finden jetzt nur noch im Osten statt. Man kann sich jetzt beruhigt im Fernsehsessel zurücklehnen, die eigenen Probleme vor der Türe, die das Bild des Erfolges trüben könnten, muß man nicht mehr fürchten, denn sie gibt es jetzt nur noch im Osten. Dies ist nicht nur ein Vorgang abgelenkter und projizierter Aufmerksamkeit, sondern das geschieht auch ganz real: Die unseriösen Händler und Makler, die Ganoven und die Radikalen finden im Osten zur Zeit ein sehr fruchtbares Feld für ihre dunklen und dumpfen Interessen.

Diese Chance teilen sie aber durchaus auch mit den offiziellen und herbeigewählten Helfern und Heilsbringern, den Politikern, Bankern und Managern, den Unternehmern, den Beamten und Wissenschaftlern, die für ihre Gewinne und Profilierung, ihre Helferbedürfnisse und Abenteuergelüste neue Märkte suchen, um aus der Selbstverständlichkeit des Funktionierens, der Übersättigung des gleichbleibenden Wohlstands, des ermüdenden Konkurrierens und des seligen Gleichschritts wieder Dynamik, also Aufgaben, Risiko, Bewährungschancen suchen, um der suchtartigen Spirale des Erfolges weiter Nahrung und damit Ablenkung zu verschaffen.

Es gibt auch nicht wenige, die jetzt zunehmend auf die Vereinigung mit Angst reagieren und dabei vor allem eine aufgenötigte Veränderung befürchten. Da wird zunächst das vorhandene Wohlstandsniveau als bedroht empfunden. Diese Menschen sind beunruhigt, sie zeigen immer unverhohlener Haßgefühle, weil der mühsam erarbeitete Lebensstandard für sie in Frage steht. Die wachsenden Steuern und Preise sind eine Verunsicherung der materiellen Zukunft, die bis dahin als ziemlich sicher gewähnt wurde. Bei diesen Reaktionen wächst in mir ein Verständnis für den Instinkt der Politiker, eine Steuerlüge aufzutischen. Die Herren Kohl, Waigel und Lambsdorff kennen halt ihre Wähler. Als sich ihre Steuerpolitik mit dem Golfkrieg änderte, war jedenfalls eine regelrechte Erleichterung spürbar, daß es wenigstens diesen Krieg gab, an dem Deutschland zwar nicht richtig teilnehmen konnte, aber wenigstens jetzt dem deutschen Steuerzahler das Geld abverlangt werden durfte, das man ihm für die deutsche Einheit nicht zumuten wollte.

Eben weil die Vereinigung so viel Geld kostet, und die Ossis so viel Geld verschlingen, mit dem sie offensichtlich nicht so sorgsam und gewinnbringend umgehen können und dann auch noch Verständnis und emotionale Zuwendung wollen, werden sie im Westen zunehmend verachtet (Was ist der Unterschied zwischen einem Terroristen und einem Ossi? Terroristen haben Sympathisanten!).

Es gibt auch Westdeutsche, die ohne jede Zuneigung zum Osten, bereit sind, viel Geld und Aufwand zu opfern, um das westliche Wirtschaften und Leben im Osten durchzusetzen, weil sie erkannt haben, daß es für das Ganze sonst keine Chance mehr gibt, den eigenen Wohlstand zu sichern.

Der Zusammenbruch des West-Ost-Konfliktes läßt eine Veränderung der Weltlage unübersehbar aufscheinen, und es gibt ein deutliches Bestreben in Westdeutschland, sich mit viel Geld vor der Springflut der Geschichte zu schützen, unterstützt von dem ostdeutschen Bestreben, schnell noch vom sinkenden Wrack in den Luxusliner hinüber zu wechseln.

In der linken, nach-68-Szene, die ich häufig unter Therapiekollegen, in Sozialdiensten, bei arrivierten Soziologen und Politologen fand, gibt es auch Haltungen, die die »DDR als interessantes Objekt« mitunter begleiten oder ergänzen:

– Der Osten hat unsere Hoffnung auf ein besseres Leben endgültig enttäuscht.
– Der Osten bedroht jetzt unsere liberale Entwicklung und die mühsam erkämpfte Emanzipation.

Viele der Enttäuschten sind verärgert über uns und unsere mißglückte und steckengebliebene »Revolution«, über die kollektive Flucht in den Westen, über unser konservatives Wahlverhalten und den endgültigen Verrat an den sozialistischen Idealen. Sie beschwören »Bewahrenswertes« aus der DDR, sie loben unsere Wärme, Herzlichkeit, Menschlichkeit und Gemütlichkeit, und sie werden nicht müde in der Aufforderung, daß wir darauf achten sollen, nicht die gleichen Fehler wie im Westen zu machen. Und natürlich weiß jeder, der so etwas sagt, wie hilflos letztlich eine solche Ermahnung ist, und dann kommt auch schon die resignierte Nachgiebigkeit: Na ja, jeder muß halt seine eigenen Fehler machen. Ein Wille zur erneuten politischen Auseinandersetzung ist jedenfalls zumeist nicht erkennbar.

So schrieb ein Kritiker des *Gefühlsstaus*: »Er (Maaz) vernachlässigt vollkommen produktive seelische und zwischenmenschliche Leistungen und Bewältigungsformen, wie sie in der Bevölkerung der DDR gewachsen sind: gesunde Disziplin, Einfallsreichtum und Improvisationsgabe, Nüchternheit und Kritikfähigkeit, Solidarität und Hilfsbereitschaft, vor allem aber die Kraft, trotz 45-jähriger Willkür und Unterdrückung das Menschsein bewahrt zu haben.«

Da reagiere ich doch empfindlich, denn über mein »Menschsein« möchte ich selbst befinden, da kränkt mich solch gönnerhafter Zuspruch, denn was weiß der schon von meinen inneren Kämpfen, von meinen Siegen und von meinem Versagen. Hier werden mir, so fürchte ich, meine Fehler, meine Schuld weggenommen, wie mir andererseits jetzt auch laufend meine Fähigkeiten und Erfahrungen streitig gemacht werden. Die Meßlatte des Kapitals entwertet alle unsere Leistungen, dagegen wehre ich mich ebenso, wie es mir unangenehm ist, wenn jemand meine Ehre retten möchte. Solche Art »Hilfe« empfinde ich als einen neuen Versuch der Unterwerfung, wenn dabei nicht deutlich wird, aus welcher Motivation heraus so geurteilt wird.

Wenn zum Beispiel von westdeutscher Seite unsere »Herzlichkeit und Gemütlichkeit« gewürdigt wird, so wirft diese Einschätzung ja vor allem ein Licht auf die herzlosen und ungemütlichen Verhältnisse in Westdeutschland. Aber davon erfahre ich bei solchem »Lob« nichts. Wenn ein solches ehrliches Angebot käme, das Mut und Offenheit voraussetzte, auf die eigene Misere zu blicken, dann wäre eine andere Grundlage für die Verständigung gegeben. Ich bin sehr wohl froh und stolz auf die herzlichen Beziehungen, die ich in der DDR erlebt habe, zu denen ich selber fähig war und auch beigetragen habe, und ich kenne auch die leidvolle Erfahrung in mir von so vielen oberflächlichen, fassadären, verlogenen und durch Verrat geschändeten Beziehungen. Also weder die Abwertung noch die Aufwertung helfen mir für eine Annäherung. Diese kann ich mir nur durch internale Mitteilungen von beiden Seiten vorstellen.

Die Enttäuschung über den Zusammenbruch des »real existierenden Sozialismus«, die Verärgerung über unser Versagen, das hilflose Bemühen, uns »aufbauen« zu wollen, empfinde ich vor allem als eine projektive Abwehr der eigenen Unzufriedenheit und der faulen Kompromisse mit dem eigenen Leben. Ich fürchte, daß wir etwas von der enttäuschten Hoffnung von 1968 und der Scham über die nachfolgenden fragwürdigen Arrangements (links denken und rechts leben!) abbekommen. Wir haben nun auch ausgedient als mögliches Alibi für die eigene nicht vollendete Emanzipation. Ich will an dieser Stelle aber nicht unerwähnt lassen, daß ich auch eine Menge offener Auseinandersetzungen über beidseitiges Versagen und unerfülltes Sehnen erleben durfte, aus der dann auch ganz herzliche und konstruktive Beziehungen gewachsen sind, neue Freundschaften, die mir Hoffnung geben für eine doch noch mögliche Integration statt der beschämenden Kolonialisierung.

Wie sehr wir emanzipatorische und liberale, mühsam abgetrotzte Entwicklungen in unserer Kultur gefährden und durch einen kleinbürgerlich-konservativen Entwicklungshorizont das Ringen um wichtige Schritte in der Emanzipation der Geschlechter, der multikulturellen Toleranz, der ökologischen Vernunft und der Fähigkeit zum Verzicht in der Solidarität mit der Dritten Welt, für repressionsarme und partnerschaftliche Beziehungsfähigkeit, für eine Kultur der Konfliktfähigkeit, des Streites und der Friedensverpflichtung verhindern, bleibt aber in der Tat eine ernste Anfrage an uns alle. Wenn ich davon höre, daß im Moment eher autoritäre Tendenzen in der Kindererziehung, die Hausfrauenmentalität, das materielle Wohlstandsdenken und die Ausländerfeindlichkeit in Deutschland wieder zunehmen – ja, daß es erkennbare Gruppierungen im Westen gibt, die in dieser Richtung mit uns Raum gewinnen wollen, dann bekommt die unglückliche Vereinigung noch eine ganz andere Dimension berechtigter Skepsis.

Noch eine Haltung erscheint mir erwähnenswert, die sich nun ganz im Gegensatz zu dem Rummel um den Osten, durch *Gleichgültigkeit* ausweist.

Es ist eine Tendenz dabei spürbar, nicht gestört, aufgescheucht, in Frage gestellt zu werden. Um Gottes Willen keine Veränderungen! »Ich habe die Vereinigung überhaupt nicht gewollt – ich bin doch gar nicht gefragt worden.« – »Die DDR ist mir fremder als Italien oder Frankreich!« Bei genauerem Hinsehen liegt dieser Gleichgültigkeit gegenüber der Vereinigung eine tiefe Beunruhigung zugrunde, eine befürchtete Nötigung zur Veränderung oder gar zur tieferen Einsicht, aus dem Schicki-Micki-Leben in eine neue harte Realität gestürzt zu werden. Die Ignoranz und das Desinteresse verraten eine Kurzsichtigkeit, die den Blick auf die eigene Armut, das Gefangensein, die Schwäche und Hilflosigkeit, die Entfremdung nicht mehr wagt und zustande bringt. Bei diesen Menschen wird auch eine Einstellung deutlich, die etwa ausdrückt: Wenn ihr euch uns schon an den Hals werft, dann habt ihr auch unsere Spielregeln zu respektieren. »Werdet schnell so wie wir, dann wird es für uns alle gut sein!« Das Einfühlen in die ostdeutsche Mentalität, das Verständnis für notwendige Veränderungen und Entwicklungen auf beiden Seiten würde die mit Anstrengung aufrechterhaltene Fassade des »zufriedenen und glücklichen Lebens« nachhaltig erschüttern.

Der Osten ist im Moment ein weites Feld für Geschäftemacher und Karrieristen, für Helfer und Abenteurer. Wir bieten viel Anreiz, das schal gewordene westliche Leben mit neuer Energie zu beleben. Dabei geschehen neue Verleugnungen, Abspaltungen und Projektionen im großen Stil, die auch dem Westbürger helfen sollen, sein Gleichgewicht zu erhalten. Dies geschieht auf sehr verschiedene Weisen, wobei im Moment das Bemühen dominiert, uns so schnell wie möglich zu verwestlichen. Damit soll schnell wieder Beruhigung und Ruhe einsetzen. Unsere eigenen emanzipatorischen, politischen, sozialen und persönlichen Bemühungen und Interessen werden systematisch auf die Überwindung des Wohlstandsgefälles reduziert. Da haben sogar die Gewerkschaften kräftig mitgemischt und in der Orientierung auf schnellen Lohn- und Gehaltszuwachs selbst die Montagsdemonstrationen »besetzt« und damit den letzten Rest an Idealismus und Protest für das westliche »Machtspiel« verwenden wollen, was dann auch folgerichtig mit der Ermordung des Treuhandchefs Rohwedder erbärmlich zusammenbrach. Was hat dieser sinnlose und häßliche Mord mit unserem Kampf für ein besseres und würdigeres Leben zu tun? Die Treuhand ist nicht unser Feind, auch wenn sie nachweislich (siehe *Monitor* vom 9.7.91) nicht zu unserem Besten entscheidet und handelt und wenn manch einer auch den »Sündenbock« braucht. Am Tag der verdammungswürdigen Ermordung kam sofort die Retourkutsche mit dem Hinweis (in Kommentaren und Artikeln) auf den »schweren Rückschlag für den Wirtschaftsaufschwung im Osten«, von einem »Angriff gegen die Vereinigungspolitik und die Marktwirtschaft« wurde da gesprochen – um die ostdeutsche Protestbewegung endgültig in die Ecke des undankbaren, ehrlosen Pöbels zu stellen. Der »Bruderkrieg« als Folge der deutschen Spaltung mit der jetzt folgenden unglücklich-schnellen Vereinigung schwelt längst vor sich hin und kündet von unbewußten Motiven und Einstellungen, die unerkannt und unbewältigt noch sehr viel mehr Schaden anrichten können.

Von manchen wurde die Spaltung Deutschlands auch als eine beschämende Strafe empfunden und die Wiedervereinigung dann folgerichtig als eine »Erlösung« vom bösen Fluch. Doch hatte die Trennung in zwei deutsche Staaten das »Böse« nur notdürftig gebannt, aber nicht wirklich bewältigt. Es wird jetzt nur wieder deutlicher erkennbar.

Ich habe in mehreren Seminaren mit Westdeutschen immer wieder gehört, daß sie ein schlechtes Gewissen hätten, daß sie es unverdient besser gehabt hätten, aber auch froh und dankbar dafür seien und daß sie Ängste haben, daß das Elend jetzt auf sie zugekrochen käme und sie es nicht mehr in sicherer Entfernung (hinter der Mauer wie bei einer Fahrt im klimatisierten Touristenbus durch Länder der Dritten Welt) halten können und daß sie Mitleid und Ungeduld empfinden mit dem Wunsch, daß es uns im Osten doch sehr bald auch besser ergehen solle. Intensive Arbeit an diesen Gefühlen brachte sehr persönliche Schwierigkeiten und Nöte ans Tageslicht: Ich habe Kontaktängste, mir geht es gar nicht wirklich gut, ich fühle mich schon lange innerlich bedroht und leide an seelischen Defiziten. Der Blick auf das äußere Elend hat mir geholfen, das innere Elend zu relativieren und zu vergessen, mit der Vereinigung ist dieser Mechanismus in Frage gestellt. In dem Moment, wo die Brüder und Schwestern im Osten nicht mehr als die ärmeren und schwächeren erscheinen, bin ich wieder mit meinen eigenen Schwächen konfrontiert, und das erlebe ich als eine tiefe Beunruhigung und Kränkung.

Häufig waren auch bittere Berichte von unbarmherzigem Leistungsdruck zu hören, der bereits die Kindheit belastete und die Beziehungen zu den Eltern beeinträchtigte, all dies verbunden mit der unglücklichen Illusion, daß man durch großartige Anstrengungen und Leistungen sich »Liebe« verdienen könne: »Ich fühle mich immer unter Druck, fit zu sein. Ich kann nichts ›halblang‹ machen. Das muß alles schnell gehen und perfekt sein! Ich habe geschuftet und dabei Familie und Gesundheit ruiniert und meine Freizeit geopfert. Ich bin so sehr in Verpflichtungen drin (Familie, Haus, Besitz, Schulden), ich kann gar nicht aussteigen. Wir sprechen von Demokratie und meinen damit eine Höchstform von Ökonomisierung der Beziehung. Ich habe meine Freiheit geopfert für ökonomische Sicherheit.« Die unerfüllten Sehnsüchte nach Nähe und Herzlichkeit, die Mangelerfahrung an wirklicher Liebe, sind in den Beispielen, die ich erfahren konnte, in keiner Weise geringer als bei uns. Die Angst zu versagen, der tragische Anpassungsdruck an Höchstleistungen, das Gefühl der Nötigung, mit der Mode gehen zu müssen, im Trend zu liegen, der Prestigezwang, die innere Vereinsamung und die Scheu zu zeigen, wie es einem wirklich geht, empfand ich zumeist als so gravierend und umfassend, wie ich es im Osten so nie kennengelernt hatte.

Die zusammengetragenen Reaktionen zeigen vor allem *Angst vor Veränderung* – ausgelöst durch eine mögliche Bedrohung des Wohlstandes, der politischen Kultur und des gewohnten Gleichmaßes – Angst vor Kontakt und Enttäuschung über uns, begleitet von aggressiver Schadenfreude (ihr habt es ja so gewollt, nun seht zu, wie ihr klar kommt) bis zur kränkenden Diffamierung (bei solchen Arbeitsleistungen können die im Osten nie richtige Deutsche werden). Es gibt gar nicht selten eine auffällige Scheu und Unsicherheit mit uns im Osten in Kontakt zu kommen, da spielt sehr viel Unkenntnis eine wichtige Rolle, aber noch vielmehr die mögliche Begegnung mit eigenen abgewehrten seelischen Inhalten, die auf uns projiziert waren und jetzt wieder zurückfluten. Wir haben wie getrennte und verfeindete Geschwister gelebt, und ich hatte öfters die Assoziation von der »Heimkehr des verlorenen Sohnes«: Der eine Bruder, stets tüchtig und fleißig, ist tief gekränkt, wenn der andere, der sein »Gut« vertan hat, am Ende doch angenommen und reichlich belohnt wird. Letztlich geht es also um eine unterdrückte Anfrage an den eigenen Lebensstil, die jetzt erneut gestellt ist.

Die Schuldgefühle machen es dabei noch am stärksten deutlich, daß das eigene Leben nicht als selbstverständlich angenommen, sondern als etwas »Unverdientes« empfunden wird, als ein Hinweis auf eine seelische Verunsicherung ganz anderer Art, die im äußeren Wohlstand eben nicht getilgt werden kann.

Und diejenigen, die ihren äußeren Erfolg herauskehren, zeigen erst recht, wie nötig sie es haben, auf etwas zu verweisen, um anderes zu verbergen. Geld als Ersatzmittel für wirkliche Potenz, womit ich nicht alleine sexuelle Fähigkeiten, sondern vor allem die lebendige Kraft zum authentischen Dasein meine. Mit der Vereinigung wird offensichtlich eine Beunruhigung ausgelöst, die auch nicht durch eine Flucht nach vorn beizulegen ist, die die »Bedrohung«, die von uns ausgeht, schnell durch das Bemühen beschwichtigen will, uns rasch so zu machen, wie man im Westen zu sein hat. Dazu rechne ich alle vordergründige Hilfe, die vor allem abhängig macht, die aufdringlich, belehrend, besserwissend und beherrschend herüberkommt. Dagegen verstehe ich unter echter Hilfe das Aushalten und Durchstehen der Beziehungskonflikte mit der Bereitschaft, sich selber mitzuverändern.

Wenn ich gefragt werde, worin denn jetzt die beste Hilfe für uns bestehen würde, dann ist allein diese Frage schon verdächtig, weil sie voraussetzt, daß wir allein die Hilfsbedürftigen seien. So antworte ich jetzt meist: Laßt uns am besten in Frieden und seid höchstens da, wenn wir den Kontakt wollen und brauchen, aber wenn ihr schon kommt, dann bleibt und haltet die Beziehung aus. Oder kommt, wenn ihr es braucht und sprecht von euch, zeigt etwas von dem, was in euch wirklich vorgeht, und wer ihr wirklich seid. Laßt uns unsere Unterschiede wahrnehmen und akzeptieren, wir können beide voneinander lernen.

Die dritten Deutschen

Ich will noch ein Wort zu den Flüchtlingen und Übersiedlern aus der ehemaligen DDR sagen, denen ich im Westen bei allen Anlässen häufiger begegnet bin. Ich habe den Eindruck dabei gewonnen, daß es suchende Menschen sind, die weder richtig abgefahren noch richtig angekommen sind. Es war immer wieder eine Menge Zorn und Traurigkeit spürbar und eine dreifache Last: die Bewältigung der Vergangenheit DDR, die Bewältigung der Flucht und schließlich auch die Klärung der neuen West-Identität. Die Vereinigung vereitelt endgültig den Abwehrversuch »Flucht«. Alles was damit zurückgelassen und vergessen werden sollte, ist wieder da. Die unbewältigte Vergangenheit fordert ihren Tribut.

Mag sein, daß nur bestimmte »Republikflüchtige« den Kontakt zu mir oder den einschlägigen Veranstaltungen suchten, doch hatte ich mir schon länger die Frage gestellt, wo sind eigentlich diese »dritten Deutschen«, diese 4 bis 5 Millionen, die beide Systeme kennen, am eigenen Leibe erfahren haben? Weshalb sind sie doch relativ still? Weshalb formieren sie sich nicht als Vermittler zwischen Ost und West,. als Dolmetscher für die unterschiedlichen Codes, mit der sich Ossis und Wessis riechen und verstehen können? Eine mögliche Antwort scheint darin zu liegen, daß sie für diese dringend erforderliche, doch auch sehr schwierige Aufgabe keinen inneren Freiraum haben, sondern mit dem Wechsel ihrer Identität noch immer in Not sind. Genau das halte ich nicht für eine Schmach, sondern für einen unabweisbaren Konflikt, als einen Hinweis auf die Unversöhnlichkeit der beiden Sozialisationen, was man als Flüchtling weder bereit noch in der Lage gewesen wäre zuzugeben oder zur öffentlichen Diskussion zu bringen. Aber jetzt besteht eine große Chance zum besseren eigenen Verständnis und auch für einen sinnvollen »Dienst« für die deutsche Verständigung.

Vielleicht gibt es auch einen gravierenden Unterschied zwischen den Flüchtlingen, die die DDR in einer aktiven Entscheidung mit sehr viel Schwierigkeiten verlassen haben und den anderen, denen ihre »Westflucht« mehr passiv als ein abstrakter Verwaltungsakt geschieht, und anscheinend verkörpern diese sehr verschiedenen Haltungen auch Positionen, die als unbewältigte Konflikte zwischen den »Ausreisenden« und den »Revolutionären« liegen. Gehört habe ich jedenfalls mehrfach davon, daß die mühevoll und unter Lebensgefahr oder mit Haft bestraften Geflohenen sich gegenüber der »Wende« und Vereinigung ablehnend, kritisch und sehr verunsichert geäußert haben. Daß vielen die Vereinigung überhaupt nicht recht war und Neid und Empörung darüber hochgekommen ist, wie wir jetzt zum Westen gekommen sind. Nun dienen wir auch nicht mehr als die »zurückgebliebenen Tölpel«, mit deren Existenz so manches Dilemma im Westen noch entschuldigt werden konnte. Es mag auch noch sehr viel nie ausgedrückte Enttäuschung und Empörung in den »Dagebliebenen« über das Verlassenwerden durch ihre Angehörigen und Freunde schmoren, was Berührungsängste erklären könnte.

Die psychologische Mauer

Die deutsche Vereinigung führt uns wieder auf unsere gemeinsame Vergangenheit zurück: auf das Dritte Reich. Der deutsche Nationalsozialismus war die bisher schwerste abnorme Gesellschaftsentwicklung in Deutschland und nur denkbar, weil sie von Millionen Menschen aktiv mitgestaltet und geduldet wurde. Wie soll diese vielfache Begeisterung, Zustimmung und Bereitschaft zum bösen Tun beurteilt werden? Ich kann diese »durchschnittliche Normalität« nur als schwerwiegende, kollektive psychosoziale Fehlentwicklung begreifen, die getragen wird von ganz ernsten, individuellen seelischen Einengungen und Verbiegungen, wobei vor allem emotionale Blockierung eine wichtige Rolle spielt. Nur wer nicht mehr fühlen kann, ist auch zu unvorstellbar brutalem Handeln fähig. Nur Menschen, die sich gefühlsmäßig abgepanzert haben, weil sie im tiefsten Inneren ebenso unvorstellbare emotionale Verletzungen tragen, ziehen begeistert in den Krieg oder sind zu kühlem, sachlich-organisiertem Massenmord fähig. Die Idee des Tötens und die Bereitschaft dazu drückt etwas von der eigenen inneren Abtötung aus. Für mich ist das alles nur in psychopathologischen Zuständen und schwer gestörten psychodynamischen Vorgängen zu begreifen, wobei die »Normalität« zur Krankheit wird, ohne daß dadurch der Mensch aus seiner Verantwortlichkeit entlassen wäre.

Manche Kollegen wollen den Krankheitsbegriff allein auf eine individuelle Symptomatik und eine persönlichen Leidenszustand beschränken, und sie leugnen die Inszenierung der intrapsychischen Konflikte auf politischer oder gesellschaftlicher Ebene. Dies halte ich für einen verhängnisvollen Mißbrauch der psychotherapeutischen Erkenntnisse. Nicht das Ausgrenzen der an unerträglichen äußeren Zuständen Leidenden und das »Patientenmachen«, sondern das Aufdecken derjenigen Verhältnisse und Umstände, die unmenschliches oder zerstörerisches (Umwelt!) Verhalten ermöglichen oder erzwingen, halte ich für eine wesentliche Verpflichtung unserer Disziplin. Wir wissen aus unserer Arbeit, wie viele politische, militärische, ökonomische und religiöse Gründe und Erklärungen der Mensch bereit hält, um seelischer Abnormität ein Kostüm von scheinbar plausiblen Sachzwängen und »heiligen« Idealen zu verpassen.

In der Beurteilung unserer jüngsten Vergangenheit sind Verleugnungen bereits wieder weit verbreitet. Dazu zähle ich auch die Heroisierung der 89er-»Revolution«. So schreibt der Leipziger Psychotherapeut Geyer (»Psychosozial« 14. Jg. 1991, Heft 1, Nr. 45): »Was macht das für einen Sinn, ein Volk für krank zu erklären, das sich gerade selbst befreit hat?« Und dem »größeren Teil des Volkes« werden »ungezählte, größere und kleinere Befreiungstaten« bescheinigt. Dies müsse »laut gesagt werden, damit der sado-masochistische Zirkel, in dem einige Psychotherapeuten unseres Landes genauso lustvoll die Peitsche gegen sich wie andere schwingen, aufgebrochen wird.«

So wird von vielen Seiten eine »Revolution« gefeiert, die keine war. Die Legende soll helfen, das eigentliche Problem der Deutschen, die massenhafte Entfremdung durch autoritäre Verhältnisse, zu verschleiern und den Ernst der weltpolitischen Lage zu verdrängen. Was wir im Herbst 89 auf den Straßen vollbrachten, zählt für die Beteiligten zu den Sternstunden ihres Lebens, für den Untergang eines verotteten Systems war es aber nur die Begleitmusik, und die nachfolgende Vereinigungsproblematik verweist uns auf die wahren Ursachen der neuen

Weltsituation: Die ungerechte Kluft zwischen Reichtum und Armut hat die kritische Grenze überschritten. Nach 1945 haben das »Wirtschaftswunder« und der »Aufbau des Sozialismus« die massenhafte Abnormität tilgen sollen, jetzt bleibt allein der fragwürdige Trost der Wohlstandssucht.

So bieten die Spaltung Deutschlands wie seine Vereinigung ein fragwürdige »Gnade« der möglichen Verdrängung. Mit der Spaltung Deutschlands trugen die mühsam verbündeten Siegermächte ihre unbewältigten Gegensätze und ihre zurückgehaltene Feindseligkeit über ihre jeweiligen deutschen Mündel aus. Der »kalte Krieg« begann und nötigte die Deutschen zum »eisernen Vorhang«. Auf diese Weise wurde das Böse in den Menschen nicht enttarnt, sondern konnte symbolisch, projektiv und abgespalten, bekämpft werden. Die jämmerlich verkrüppelten und blutenden Seelen der Massenmörder, die charakterlichen und psychosozialen Wurzeln dieser unvorstellbaren Perversion konnten sich so erneut verbergen. Daran hatten offensichtlich auch die Siegermächte ihr Interesse, denn »Faschismus« ist nicht auf die Deutschen begrenzt, dies ist überhaupt nicht allein das Problem einer Nation oder gar nur einer Partei. Faschismus ist eine individuelle und kollektive Lebensart, zur der es immer wieder kommen wird, so lange autoritär-repressive Verhältnisse eine Kultur bestimmen.

Die Spaltung Deutschlands und damit eines größeren Teils der Welt in zwei feindliche Lager ermöglichte es, daß das individuelle Böse und Abnorme nicht mehr wahrgenommen zu werden brauchte, dafür mußten einerseits die bösen Kapitalisten, Imperialisten und Revanchisten herhalten und andererseits die gefährlichen Kommunisten und Bolschewisten. Diese verordneten politischen Feindbilder fanden sehr bald auch ihre persönlich-psychologischen Entsprechungen, was sich durch die unterschiedliche östliche und westliche Sozialisation schnell herstellen ließ. Beide Systeme behielten im wesentlichen die autoritären Verhältnisse bei.

Anpassung durch Unterwerfung

Der »real existierende Sozialismus« vollzog die Anpassung an das System durch direkte und nackte Unterwerfung. Dabei waren im wesentlichen drei Prinzipien wirksam:

1.) *Das Prinzip Strafe:* Jeder in der DDR wußte, daß er real bestraft werden konnte, wenn er den schmalen Grat der vorgegebenen Linie verließ. Er stürzte unweigerlich in Ungnade, wurde beschimpft, bedroht und ausgegrenzt (du bis nicht im rechten Bewußtsein, du dienst dem Klassenfeind, du gehörst nicht zu uns). Da dieses System erneut auf »ewig« angelegt war, und in der Tat keiner eine wirkliche Veränderung für möglich hielt, war bereits das geringste Abweichen vom Willen der Mächtigen eine lebensbestimmende existentielle Bedrohung. Nur wer sich das wirklich vor Augen hält, kann das erschreckende Ausmaß der Unterwerfung verstehen, die schließlich immer mehr »freiwillig« vollzogen wurde, als daß sie noch durch tatsächliche Strafen durchgesetzt werden mußte. Die Angst und Einschüchterung hatte sich tief in die Seelen der Menschen eingefressen. Unverhältnismäßig hohe und harte Strafen (mehrjährige Haft bei einem politisch gefärbten Witz, lebenslänglich bei staatsfeindlicher Hetze oder geheimdienstlicher Kontaktaufnahme mit dem »Klassenfeind«, wobei die Beurteilung solcher »Straftatbestände« auch der Willkür unterlag, und Ermordung bei »Republikflucht«) hatten das Denken, Fühlen und Handeln der Menschen unter Kontrolle gebracht, so daß die bestehende Strafandrohung weitestgehend ausreichte, um über das Volk zu herrschen.

2.) *Das Prinzip Trennung:* Die regelmäßige gewalttätige Trennung von Mutter und Kind, bereits bei der Geburt, die nach klinischem Regime unter der medizinischen Autorität von Arzt, Hebamme und Apparaten durchgeführt wurde und die Bedürfnisse von Mutter und Kind mißachtete oder nicht verstand, fortgeführt durch immer wiederkehrende Trennungserlebnisse im Wochenbett, Kinderkrippe, Kindergarten und auch durch die psychologische Trennung, die sich durch Nicht-Annehmen, Nicht-Verstehen, Nicht-Einfühlen ergibt, hat so umfassende schwere seelische Verletzungen und Ängstigungen verursacht, die nur durch Verdrängungen und Abspaltungen überlebt werden konnten, so daß strenge autoritäre Verhältnisse als »Gnade« der Kultur erlebt werden müssen. Um den unerträglichen, lebensbedrohlichen seelischen Schmerz des Verlassenseins, der Einsamkeit und Nicht-Annahme überhaupt zu überleben, ist eine totale Abpanzerung vom seelischen Innenleben die einzige Rettung. Damit ist die entscheidende Grundlage für Selbstvertrauen, Selbstbewußtsein und Eigenständigkeit, die nur aus der Wahrnehmung psychophysischer Entspannung und Befriedigung wachsen kann, genommen und der Mensch zur Abhängigkeit von äußerer Führung und Bestätigung genötigt. So wird Untertanengeist geschaffen.

Nur dies erklärt mir die Leichtigkeit, mit der die SED Mitglieder bekam, und daß die Stasi keinen Mangel an Mitarbeitern kannte. Beide Institutionen arbeiteten folgerichtig mit der Formel der persönlichen Ansprache: Du bist uns wichtig! Wir brauchen dich! Wir fördern dich! Wir schützen dich! Du dienst einer großen Sache! Wenn sich selbst entfremdete, schließlich verpanzerte und verunsicherte Menschen derart angesprochen werden, sind sie zu jeder Schandtat bereit. Je größer die innere Verletzung, der innere Mangel, desto größer wird die notwendige Abschottung vor dem Fühlen und Erleben, desto größer wird andererseits auch die Bereitschaft und »Fähigkeit« zum Morden, Foltern, Verfolgen, zur Gewalt, zu starren Dogmen und unlebendigen Phrasen, zu militärischen Strukturen.

3.) *Das Prinzip Lob:* Wer schließlich den Willen der Mächtigen am besten erfüllte, wurde auch gelobt. Daß Loben ein Prinzip der Gewalt, der Unterwerfung und Manipulation ist, dürfte heute noch die meisten »Erzieher« empört aufschreien lassen, weil sie, wenn sie schon nicht mehr prügeln dürfen oder wollen, als fortschrittlich-aufgeklärte Eltern und Lehrer gar nichts anderes sonst noch kennen. Das Prinzip Lob steckt im anerkennenden Wort, der guten Zensur, der Prämie, der Urkunde, dem Orden und schließlich auch der Karriere und den Privilegien. Durch Lob wird die Unterwerfung vollendet. Es ist wichtig, den Unterschied zwischen Bestätigung für das unverstellte Dasein und den unverfälschten Ausdruck individuellen Lebens und dem Lob für die Anpassung an die Erwartungen der Mächtigen und die Unterwerfung unter ihren Willen und ihre Vorstellungen vom »richtigen« Leben zu verstehen. Der Wechsel vom Tadel zum Lob, wie er in einer »aufgeklärten« Erziehung üblich ist, ist nur ein eleganteres und wirksameres Prinzip der gleichen dunklen und verwerflichen Motivation, die früher den Prügelstock tanzen ließ.

Die Anpassung durch Unterwerfung mittels Strafe, Trennung und Lob, förderte depressiv-gehemmte und zwanghaft-eingeengte Strukturen. Wir finden in den Menschen dadurch viele latente Ängste, Unsicherheiten, Gehemmtheit und Minderwertigkeitsgefühle, Ohnmacht und Hilflosigkeit, eine Neigung zur Abhängigkeit, Gereiztheit und Gespanntheit. Einen Zustand, der sich in der allgemeinen Tendenz als introvertiert-kontrahiert beschreiben läßt.

Anpassung durch Manipulation

Schauen wir uns die Verhältnisse in der »real existierenden Marktwirtschaft« an. Auch da sind autoritäre Strukturen bestimmend, doch die Anpassung wird indirekter, kaschierter vollzogen, im wesentlichen durch Manipulation und Suggestion. Natürlich gibt es ähnlich wie bei uns auch Unterwerfung mit Strafe, Trennung und Lob. Doch im gesellschaftlichen Kontext erkenne ich drei andere Prinzipien als weitverbreitet und systemimmanent:

1.) *Das Prinzip Leistung:* Anstrengung, Fleiß, Tüchtigkeit, Konkurrieren, den anderen übertreffen, etwas Einmaliges tun, stark, clever und souverän sein, sich von anderen abgrenzen, rivalisieren – das alles gehört zu den höchsten Tugenden der westlichen Lebensart, und das bedeutet zugleich, daß man Ängste, Schwächen, Unsicherheiten und Inkompetenz sorgsam verbergen muß. Man muß sich dagegen aufmotzen, etwas hermachen, laut und grell sein, um auf dem Markt eine Chance zu bekommen. Und der Markt ist überall, er bestimmt das Leben.

2.) *Das Prinzip Honorierung:* Wer viel leistet, der soll auch gut honoriert werden. Der wichtigste Leistungsfetisch ist Geld. Geld regiert die Welt. Geld regelt alle Beziehungen, nicht nur den Warenstrom, sondern vor allem den Umgang der Menschen miteinander. Geld ist Macht. Geld gibt Sicherheit, Geld beruhigt. Jeder und alles hat seinen Preis – das ist die Ideologie des Westens! Was man aber nicht kaufen kann, sind Natürlichkeit und Natur, wirkliche Liebe und ehrliche Beziehung und Gesundheit im ganzheitlichen Sinne. Deshalb haben diese Dinge auch keinen besonderen Wert.

3.) *Das Prinzip Zerstreuung:* Wer viel leistet, wird auch gut honoriert, damit er sich vielfältig zerstreuen kann — das ist die komplette Ideologie und der Mechanismus, der das westliche Ersatzleben auf Trab hält. Das Angebot an Waren, Vergnügungen, Ablenkungen, an immer neuen Moden und Trends ist so umfassend und perfekt, daß dieser süchtige Zirkel grandios funktioniert und zugleich die Risiken und globalen Gefahren ins Unsteuerbare treibt.

Je größer die innere Entfremdung, um so umfassender muß die Ablenkung nach außen geschehen. Dadurch werden narzißtisch-Ich-bezogene und hysterische Strukturen und Entwicklungen gefördert, mit übermäßig betonter Individualität, verstärkter Selbstdarstellung, mit gnadenlosem Dominanz- und Geltungsstreben. Insgesamt also eine Tendenz zum extrovertiert-expansiven Leben.

So stehen sich in den deutschen Teilnationen zwei polar entgegengesetzte Sozialisationen gegenüber, die mit der Vereinigung aufeinander prallen. Es ist endgültig vorbei mit der für beide Seiten so angenehmen und entlastenden Geschenk-Post-Besuchsbeziehung, in der die beiden einseitigen Entwicklungen ihre sinnvolle Ergänzung fanden: großzügige Geber- und dankbare Empfängerhaltung, das im Reiseboom abgewehrte Heimweh mit dem durch die Mauerenge provozierten Fernweh. Die Pose von Erfolg, Stolz und Souveränität mit der chronifizierten Haltung verbitterter Nörgelei und Klage sowie der kindlich-staunenden Bewunderung und Anbetung der westlichen

Fetische. Narzißtische Größenideen und schwerbeschädigte Selbstwertgefühle haben sich gegenseitig bedient und verstärkt. So war die Ost-West-Welt in Ordnung und beide Seiten haben mit Blick auf den jeweils feindlichen Partner treffend und zuverlässig die im jeweiligen Gesellschaftssystem nützlichen und systemerhaltenden Verhaltensweisen pflegen können.

Aber jetzt kommen wir nicht mehr auf Besuch, sondern müssen zusammen arbeiten und leben – die bisher stabilisierende Rollenverteilung wird zum störenden und bitteren Ernst. Mit der Wirtschafts- und Währungsunion ist den Deutschen die wichtigste kollusive Beziehungsgrundlage genommen: Wir wollen jetzt nicht mehr die abgelegten Kleider, und mit Kaffee, Schokolade und Seife sind wir jetzt in gleicher Weise versorgt. Selbst mit dem Gebrauchtwagen sind wir schon bald nicht mehr zufrieden – die Zeit der freundlichen und beglückenden Almosen ist nun endgültig vorbei. Und als wir als Kleinempfänger ausgedient hatten, wurde die rührige Hilfsbereitschaft der Westdeutschen sofort weitergelenkt. Es war schon beeindruckend, mit welchem Aufwand und Engagement man glaubte, die tiefe Not des russischen Volkes lindern zu können.

Es ist sehr schwer, in diesem Zusammenhang die richtigen Worte zu finden: Einerseits weiß ich, wie wohltuend ein Geschenkpaket sein kann – für den Moment – und doch nicht wirklich weiterhilft, aber Abhängigkeiten verstärkt und Illusionen nährt. Beide Seiten – Spender und Empfänger – können sich für kurze Zeit gut fühlen und schützen sich somit vor der Wahrnehmung eines grundsätzlicheren Problems. Dies steht uns jetzt bevor. Wenn wir jetzt mit unserer gewohnten Haltung den »ganzen Kuchen« wollen, so muß unser Mitspieler um die Sicherheit seines hart erarbeiteten Wohlstandes fürchten. Die bisherige Kollusion wird auf die Spitze getrieben: Wir fordern unverschämt und lösen damit eine gekränkte Furcht aus. Doch da schlägt die westliche Dominanz dem östlichen Unterwerfungs-Michel den Löffel aus der Hand. Der clevere und betuchte Erfolgsverpflichtete läßt den abwartend-zögerlichen Anpassungsgewohnten nur noch die Schlußlichter sehen. So verstärken sich wechselseitig die selbstgerechte Vormundschaft mit der Unterwerfungsbereitschaft, die Selbstgefälligkeit und die Verzagtheit, der aktive Leistungszwang mit dem passiven Versorgungswunsch zum unheilvollen Dilemma, das statt Zusammenwachsen jetzt Distanz, Enttäuschung und Haß schürt.

Was wir im Osten nicht leben durften, individuelle Größe und Stärke und expansive Aktivität, das haben wir auf die Westler neidisch projiziert. Und deren reales Verhalten hat uns darin bestärkt. So haben wir die unterdrückte und verdrängte Seite dieses Lebens nicht sehen wollen und können. Im Westen brauchte dagegen die eigene Schwäche, Angst und innere Ohnmacht nicht empfunden zu werden, dafür waren wir ja im Osten zuständig. Mit dem Blick auf unsere Armut und Kleinheit konnte sich jeder Westbürger noch immer großartig fühlen, auch wenn er selbst armselig dran war. Es wurde also das im jeweiligen System verpönte Verhalten wechselseitig abgespalten und projiziert. Dies hat auf beiden Seiten Kritik erstickt und die gesellschaftlichen Fehlentwicklungen stabilisiert. Geh doch rüber in den Osten, wenn es dir bei uns nicht gut genug ist! – das war die eine Drohung und die andere bestand in der tatsächlichen Ausbürgerung, wenn die Drohung: Du bist ja vom Klassenfeind gesteuert!, nicht mehr ausreichte.

Wir haben aber auch noch unsere Sehnsüchte so behandelt. Wir haben auf den Westen unseren Wunsch nach Freiheit projiziert, dabei längst die innere mit der äußeren Freiheit verwechselt, und vom Westen bekamen wir mitunter die Wünsche nach einem sozial-gerechterem Leben hingeschoben.

Schauen wir uns die im Moment anwachsenden wechselseitigen Vorurteile an, so lassen sich die Projektionen erhellen: Wir schimpfen auf die »Besser-Wessis«, und sie nennen uns »Bananenfresser«, die erstmal die Ärmel hochkrempeln und richtig arbeiten lernen sollen, dann könnten wir uns ja den erwünschten Wohlstand genauso mühsam und hart erarbeiten.

Wir im Osten denunzieren also vorwurfsvoll ein Verhalten am Westdeutschen, das wir selbst nicht entwickeln durften und das unsere Minderwertigkeitsgefühle entlarvt. Natürlich liegt darin auch der gereizte Ärger, daß uns alle Westdeutschen für lange Zeit ganz real überlegen sein werden, weil wir nichts anderes als ihr System zu übernehmen haben, in dem wir uns aber nicht auskennen, in dem wir nicht herangewachsen sind. Wenn der Bundeskanzler seine westlichen Landsleute ermahnt, sie sollen doch bitte nicht so arrogant und überheblich auftreten, verlangt er schließlich etwas Unmögliches, weil sie gar nicht anders können, nicht nur weil sie so getrimmt wurden, sondern weil der »Beitritt« allein uns zur Anpassung und »westdeutsch« zu lernen verpflichtet.

Das Autoritätsprinzip ist im Moment vor allem auf das deutsch-deutsche Verhältnis verschoben, die einen haben zu lehren und die anderen zu lernen, die einen geben vor, und die anderen ziehen nach, die einen geben den Ton an und die anderen parieren. So ist auf Schritt und Tritt bei uns aufstöhnend zu hören: Die Westdeutschen wüßten auf alles eine Antwort, sie wissen alles besser, sie sind immer schneller und handeln effizienter. Sie fragen nur, was ist zu tun und eins zwei drei, haben sie's gepackt. Da zögert und grübelt der arme Ossi noch lange, zur Vorsicht ein Leben lang gemahnt, um ja nie fixer zu sein als die

Oberen: Erstmal abwarten und sehen, wo es langgeht und was die richtige Meinung ist.

Daß andererseits uns gerade die Begehrlichkeit und mangelnde Arbeitsleistung vorgeworfen werden, wirft ein Licht auf die gut getarnte Konsumsucht des Westlers und die längst vergessene und verleugnete Nötigung zu einer unnatürlichen Anstrengung, was durch unsere noch direkte und plumpe Gier und durch das gemütlichere Arbeitstempo wieder verdeutlicht wird und erneut ins Bewußtsein drängt.

Wie mit der Spaltung Deutschlands die schmerzliche Erkenntnis von Schuld und Störung im »Kalten Krieg« externalisiert wurde, so konfrontiert uns die Vereinigung mit den Äußerlichkeiten und Kompensationen, die zur individuellen Abwehr der längst verlorenen Ganzheit den ausgleichenden Ersatz bilden mußten. Wir suchen äußere Freiheit, um unsere innere Begrenztheit nicht zu erleben. Die gewonnene Vielfalt und Fülle soll von der inneren Enge und dem Mangel ablenken. Und der Westen sorgt mit aller Anstrengung dafür, daß wir das ganze System getreu übernehmen.

Die Aufdringlichkeit und Schnelligkeit dieses Prozesses sind verräterisch. Und die mangelnde Bereitschaft, sich auch auf eine Veränderung im Westen und eine gemeinsame Entwicklung einzulassen, verrät eine Furcht vor der möglichen Infragestellung, die so manchen Schein erschüttern könnte. Lieber sich als »Sieger« fühlen, als zugeben, daß das eigene Leben längst nicht mehr hält, was die Werbung verspricht. Die Diskussion um die Hauptstadt und der Streit um eine gemeinsame Verfassung sind nur die äußerste Spitze des Eisberges, der unter der Oberfläche noch in einem riesigen Umfang dunkle Gefahren bereithält, die aus den psychischen Abspaltungen und Schutzmechanismen herrühren. Was dem Schutz der eigenen verletzten Seele diente, wendet sich jetzt zur

Waffe gegen die Bedrohung der bisherigen Arrangements.

Dieser Gefahr ist nur zu entgehen, wenn in einem intensiven Prozeß die wechselseitigen Projektionen zurückgenommen und die Abspaltungen integriert werden. Ansonsten wird die ehemalige Mauer aus Beton immer wieder als psychologische Mauer auferstehen, nicht weniger undurchlässig-abgrenzend und tödlich.

Zusammenfassung

Zum Wesen autoritärer Gesellschaften gehört die Anpassung an eine vorgegebene Norm, somit zwangsläufig eine Selbstentfremdung und eine mangelhafte Befriedigung wesentlicher Grundbedürfnisse, dies betrifft vor allem die uneingeschränkte und unverstellte Daseinsberechtigung (ich bin, also bin ich gut, ohne weiteres Wenn und Aber). Das Defizit an Annahme und Bestätigung löst unweigerlich schmerzliche Gefühle aus, deren Aufschrei im totalitären DDR-System vor allem repressiv unter Kontrolle gebracht wurde und auf diesem Wege einen Gefühlsstau produzierte. Ein vergleichbares Mangelsyndrom wird auch unter westlichen Verhältnissen, unter den Leistungszwängen der Marktwirtschaft erzeugt, nur der schmerzliche Aufschrei verhallt eher in der unbegrenzten Weite und der Vielfalt der Möglichkeiten.

Der Zusammenbruch der DDR bedeutet auch den Verlust der kontrollierenden Mechanismen, so daß wesentliche Grundbedürfnisse wieder Energie sammeln und ihre Ansprüche anmelden, aber wir sind nun auch der Möglichkeit beraubt, unsere aus innerer Bedürftigkeit erwachsenden Gefühle gegen das verhaßte System abzulenken und ihm alle Schuld zuzuschieben. Die Befreiung von der Politbürokratie mündet deshalb nicht in einen einzigen Jubelschrei, nur ganz kurze Zeit erlebten wir freudige Erregungsschauer, die aber bereits die Tränen des gestauten Schmerzes wegen der inneren Einengung mit herausbeförderten. Auf der Flucht vor dieser jetzt möglichen (und notwendigen!) Erschütterung klammern wir uns verzweifelt an die andere Form der Bewältigung inneren Mangels: an Demokratie und Marktwirtschaft. Diese Worte erscheinen uns diktatur- und planwirtschaftsgeschädigten Ostdeutschen tatsächlich wie Zauberformeln. Doch gerade dieser Vergleich birgt die Gefahr, sowohl die Tiefe wie auch die Weite der globalen Krise zu übersehen. Die Asylbewerber könnten uns darauf aufmerksam machen, wenn wir zum Verstehen bereit wären. Aber dann müßten wir unser Leben grundlegend ändern, doch es ist leichter über Gesetzesveränderungen zu streiten und an den Tücken und Schwierigkeiten der Vereinigung zu leiden, als unsere bisherige Lebenskonzeption als Ausdruck unserer Entfremdung zu verstehen und unter Schmerzen aufzugeben.

Und natürlich funktioniert der Wechsel der Systeme nicht reibungslos. Das ewig Gepreßte, Eingeengte und Kontrahierte soll jetzt ständig fließen und expandieren. Da gibt es Umstellschwierigkeiten, und ein großer Teil wird es nicht mehr schaffen. Der wird dann zum Abfall der Geschichte gezählt. Bereits im Golfkrieg war die neue Art, historische Ereignisse darzustellen, der Welt vorgeführt worden. Gut und Böse, Recht und Unrecht schienen völlig klar, aber daß dazwischen Hunderttausende getötet wurden und eine wahnsinnige ökologische Katastrophe tobt, blieb und bleibt im wesentlichen außerhalb der Erregung.

Was aber den deutschen Vereinigungsprozeß zusätzlich so unglücklich belastet, das ist im Osten das bittere Erwachen aus einem schönen Traum. Die bisher verdrängte Kehrseite des schönen Scheins schiebt sich unaufhaltsam in die Lebenswirklichkeit: Der Wohlstand hat seinen Preis! Und im Westen empfinden die Menschen zunehmend eine psychologische, ökonomische und moralische Bedrohung ihrer bisherigen Lebensart als dem zentralen Mittel, sich den inneren Mangel erträglicher zu machen. Der Umstieg kann dann scheitern, wenn bei uns zu viele dabei abstürzen und wenn im Westen eine Schmerzgrenze überschritten wird.

Was diese deutsche Demokratie wirklich wert ist, inwieweit sie in den Seelen der Menschen wurzelt und ihr Zusammenleben reguliert, wird sich erst noch erweisen müssen, dann nämlich, wenn materieller Lebensstandard und Zerstreuung nicht mehr suchtartig gesteigert werden können, um die Menschen damit zu betäuben und zu berauschen. Selbst wenn es uns Ostdeutschen noch gelänge, unsere malträtierten Seelen noch ins Wirtschaftswunderland hinüberzuretten, – wo bleibt dann der »Rest« der Welt? Nein, es ist nicht nur der Sozialismus kaputt, sondern auch die schöne Illusion von einem Leben in wachsendem Wohlstand, wir brauchen für unser aller Überleben ein »neues Denken«, besser noch das »freie Fühlen«, um den Zwiespalt zwischen den sogenannten realpolitischen Sachzwängen und den menschlichen Bedürfnissen wahrzunehmen und verringern zu lernen.

Realpolitik und menschliche Bedürfnisse

Seit der Wende beschäftigt mich der Konflikt zwischen realpolitischen Zwängen und den menschlichen Bedürfnissen – dieses Problem ist ungelöst. Ich erlebe diesen Konflikt auch besonders deutlich im Spannungsfeld zwischen meiner publizistischen und therapeutischen Tätigkeit. Mit der »Wende« ist dieses Thema zumindestens für uns Ostdeutsche unabwendbar. Das Leiden an einer unglücklichen bis zutiefst verdorbenen und kriminellen Politik hat über den (zumeist nur inneren) Protest hinaus einen starken moralischen Anspruch in vielen von uns genährt, vielleicht auch besonders wegen der fehlenden politischen Gestaltungsmöglichkeit.

In diesem Zusammenhang kann ich bis heute für die Mitgliedschaft in der SED keinen entschuldbaren Grund erkennen. Verstehbare Gründe gibt es viele, ehemalige Genossen gehören zu meinen besten Freunden, aber von dem moralischen Rigorismus mag ich dennoch nicht ablassen. Es widert mich einfach an, wenn nach feigem, verlogenem, dummem und schwer schädigendem Verhalten, das vielen Menschen Leid und Not gebracht und Kultur und Natur unwiederbringlich zerstört hat, einfach in dem Augenblick zur Tagesordnung übergegangen wird, wo die Grundlage der Macht entzogen wird, so als wäre nichts geschehen, mit einigen lapidaren Worten der Entschuldigung, der Einsicht und des Bedauerns, und am häufigsten ja nicht einmal dies. Und sofort sind dann auch die Sachverwalter der Vernunft bei der Hand, man könne auf die vorhandene Kompetenz nicht verzichten, Vergessen und Vergeben seien überlebenswichtige Strategien und höchste Tugenden – um sich, so sehe ich das,

das mühsame Geschäft der Auseinandersetzung und vor allem den bitteren Schmerz der Wahrheit, von dem ja keiner von uns ausgenommen bleibt, zu ersparen.

Ich trage in mir die verzweifelte Bitterkeit und den ohnmächtigen Zorn gegenüber der unechten Macht, die sich durchsetzt und sogar das Recht für sich in Anspruch nimmt und auch bekommt, obwohl es dabei in wesentlichen Dingen um subjektive Wahrnehmungen und Empfindungen geht, die nicht veräußerbar sind. Es ist für mich kein Zweifel, daß solche Verhältnisse ein wesentlicher Antrieb für mich waren, Psychotherapeut zu werden, nicht alleine um mich und diese Zusammenhänge besser zu verstehen, sondern um wirkliche Möglichkeiten zu gewinnen, authentischer leben zu können. Und in den Lebensgeschichten vieler Menschen finde ich immer wieder vergleichbare Erfahrungen erlebten Unrechts unter der Fahne des moralischen, politischen oder religiösen höchsten Rechts, woran die Menschen schließlich zu Leidenden und Kranken wurden. Ich fand auch die Bestätigung, daß Psychotherapie dieses Leiden wirksam mildern kann; Voraussetzung dafür sind Raum und Zeit und eine vertrauensvolle, wohlwollende und gewährende Atmosphäre, die es ermöglichen, die ganz frühen und tiefen Verletzungen wirklich wieder an die Oberfläche zu bringen und in einer günstigeren mitmenschlichen Neuerfahrung ausheilen oder zumindestens vernarben zu lassen.

Die Gesellschaften, in denen ich bisher zu leben genötigt war, die faschistische und die stalinistische, waren beide schwere kollektive Fehlentwicklungen, also praktisch kranke Gesellschaften, und die neue, in der ich jetzt lebe, zeigt beträchtliche Züge von destruktiver Abnormität. Ich bin gerade dabei, die Verhältnisse in dieser Gesellschaft besser zu verstehen, und begegne dabei immer wieder einer positiven und hoffnungsvollen Einstellung, nämlich daß es in einer pluralistischen Demokratie hinreichend regulierende Kräfte gäbe, die auch schlimmsten Entartungen wirksam gegensteuern könnten. Zumindestens hat der Faschismus da Zweifel in mir gesät.

Im Moment sehe ich uns gerade in ein großes historisches Experiment gestellt, inwieweit die »gewendeten« DDR-Bürger durch die demokratischen Kräfte gesunden können. Wie groß meine Zweifel sind, brauche ich nicht mehr zu verhehlen, zumal ich in den Menschen der »sozialen Marktwirtschaft« vergleichbare psychosoziale Schädigungen erkennen muß wie bei uns. Wenn darauf höhnisch angefragt wird, ob denn nun zu den 16 Millionen jetzt auch noch die »alten Bundesbürger« auf die Couch des Psychotherapeuten kämen, dann ist eine solche Frage für mich vor allem ein Abwehrmechanismus, der etwas lächerlich machen will, was sonst unerträglich ist. Ich bin in der Tat der Meinung, daß millionenfache umfassende Störungen vorliegen, aber mir ist auch völlig klar, daß es nicht Aufgabe der Psychotherapie sein kann, dieses umfassende Problem zu lösen. Und natürlich spreche ich bei den massenhaften Störungen nicht von medizinisch-klinischen Diagnosen, und ich sehe zwischen einem »normalen« Durchschnittsbürger und einem seelisch erkrankten Menschen, der dringend einer Behandlung bedarf, benennbare Unterschiede. Aber die Fragwürdigkeit dieser Grenzziehung will ich schon aufweisen mit dem Hinweis, daß gerade das, was sich als »Normalität« ausgibt, schwere Störung bedeuten kann, die sich nur allzugerne einer medizinischen Diagnostik und Therapie entzieht. Zugespitzt kann ich auch formulieren: *»Krankheit« ist die gesunde Reaktion, die in der durchschnittlichen »Gesundheit« das Krankhafte aufdeckt.*

Daß Psychotherapie für einzelne Menschen eine entscheidende Hilfe sein kann, wieder zu gesunden, und das heißt vor allem, wieder ins Gleichgewicht, in den lebendigen Fluß, in unverstellte Beziehungen zu sich, zu anderen, zur Natur und zu Gott zu kommen, ist für mich keine Frage mehr. Dazu gehören vor allem Freiwilligkeit, Leidensdruck und die wirkliche Bereitschaft, sich selbst zu verändern: die Beziehung zwischen Patient und Therapeut sollte genau dies befördern und ermutigen. Wo Leiden, Veränderungsbereitschaft und Freiwilligkeit nicht ausreichend vorhanden sind, ist Psychotherapie nicht möglich. Der Psychotherapeut macht es sich einfach, wenn kein Leidensdruck vorhanden ist, braucht er nicht zu therapieren, wenn die Freiwilligkeit fehlt, ist er nicht in die Pflicht genommen, wenn kein Wille zur Veränderung erkennbar ist, kann er immer noch »Psychospiele« veranstalten, was die Zeit vertreibt, Spannungen erzeugt und auch noch Geld einbringt. Was soll aber geschehen, wenn Störungen ohne akutes subjektives Leiden und ohne Veränderungswilligkeit massenhaft vorkommen, wie im faschistischen und sozialistischen Deutschland ohne große Schwierigkeiten zu belegen ist. Tragen Therapeuten dabei auch noch Verantwortung?

Zumindest wissen sie, daß Leiden auch verborgen und abgekapselt sein kann, daß es erst viel später ausbrechen kann oder auch, daß es auf andere weitergeben wird. Ich bin der Überzeugung, daß Psychotherapeuten, die über ein solches Wissen verfügen, verpflichtet sind, ihr Verständnis solcher Zusammenhänge öffentlich zu machen, weil Belange aller davon berührt sind. Und wenn sie es tun, wird immer wieder eilfertig darauf hingewiesen, daß durch Psychotherapie keine Gesellschaft zu heilen oder die Welt zu verbessern wäre. Das ist richtig. Dabei verwundert mich eher die Heftigkeit und Verbissenheit, wie psychologisches, vor allem tiefenpsychologisches Wissen abgewehrt und abgewertet wird.

Macht entspringt häufig neurotischen Bedürfnissen, und die wollen dann natürlich nicht aufgedeckt sein. Aber wenn deutlich wird, daß Politik und Wirtschaft die menschlichen Bedürfnisse verfehlen oder in eine kollektive Katastrophe oder Sackgasse führen, wie es jetzt zweimal hintereinander auf deutschem Boden geschehen ist, dann sind kollektiv-irrationale Mechanismen wirksam, die vor allem auch sozialpsychologisch zu erklären und eventuell auch zu lösen sind. In einer solchen Situation dürfen wir uns nicht auf eine unpolitische Beschaulichkeit zurückziehen. Es ist auch nicht die Psychotherapie in ihrer institutionalisierten Form gemeint, sondern es geht um wissenschaftliche Erkenntnisweisen, Erfahrungen und Methoden dieser Disziplin, die bei der Organisation einer Gesellschaft wesentliche Hilfe leisten könnten, wobei aber entsprechende Strukturen noch gefunden und entwickelt werden müßten.

Die demokratischen Spielregeln basieren darauf, daß man für politikfähige Meinungen und Entscheidungen Mehrheiten braucht und Machtpositionen suchen und einnehmen muß. Gerade diese Erfahrung hat uns im Osten nach der »Wende« einigermaßen ernüchtert. Zumindestens haben es die Träger der »Revolution« nicht verstanden, sich da zu behaupten. Sie waren weder fähig, die Macht zu ergreifen, noch Mehrheiten zu organisieren. Nun kann man einwenden, daß der mehrheitliche Wille des Volkes halt einfach anders war. Das stimmt (leider) auch. Ich gebe hier allerdings nicht die allgemein übliche Erklärung ab, daß solche Art demokratischer Entscheidung zu respektieren sei. Ich bedaure das Wahlergebnis im Osten außerordentlich und sehe darin viel mehr ein Indiz für die Fragwürdigkeit demokratischer Regeln. Ich komme noch darauf zurück. Worauf ich im Moment hinaus will, ist die Vermutung, daß die meisten Aktiven unserer Bürgerbewegungen für politische Macht und Ämter nicht geeignet sind oder solche Funktionen auch aus ihrem Selbstverständnis heraus ablehnen. Ich kenne einige davon ganz gut und weiß um ihre inneren Kämpfe, die letztlich stets um den Konflikt zwischen Realpolitik und menschlichen Bedürfnissen gehen. Es ist ein ernstes Zeichen, wenn diese beiden wichtigen Sachen nicht mehr befriedigend zusammenzubringen sind.

Für mich selbst war es auch ein langes Ringen, ob ich ein politisches Amt anstreben sollte oder nicht. Ich habe mich entschieden und bin Therapeut geblieben. Mir ist bei den Auseinandersetzungen klar geworden, daß ich vor allem Angst vor Macht, vor Machtausübung habe. Ich habe Angst, ungerechte Entscheidungen treffen zu müssen. Ich weiß nur ganz selten, was wirklich richtig und wahr ist, und dies dann auch nur für Augenblicke. Ich befürchte, mich in Sachzwängen wiederzufinden, die ich weder überschauen noch verstehen noch akzeptieren kann und die ich doch entscheiden und verantworten muß. Ich kämpfe ein Leben lang um meine Authentizität, die ich am ehesten (hin und wieder und viel zu selten) auf der »Therapiematte« finde oder zulasse und wieder verliere und verschließe, je intensiver ich mich in den öffentlichen Angelegenheiten unseres gesellschaftlichen und kulturellen Lebens bewege.

Es gibt eine Reihe guter Erklärungen dafür, von notwendiger Sublimierung über das aufgabenbezogene »Erwachsenen-Ich« bis zur Handlungspflicht im Interesse »höherer« Zusammenhänge. Das beruhigt mich nicht, mein Konflikt wird dadurch nicht geringer. Ich kann zwar meine neurotischen Skrupel hinsichtlich der Macht weiter verringern und entgehe doch nicht der zwangsläufigen Neurotisierung, die ich mir oder anderen zufüge, wenn ich Macht unter den heutigen Bedingungen ausübe. Ich trage aber auch Verantwortung, wenn ich eine mögliche Machtposition ablehne und muß mich dann mit der möglichen Schuld des Unterlassens oder Überlassens oder Duldens auseinandersetzen. Diesem Dilemma ist nicht zu entgehen, rechtfertigt aber auch keinen Fatalismus. Was bleibt, ist die ewige Auseinandersetzung mit jeder Entscheidung und Haltung, die niemals für immer oder vollständig sein kann.

Für mich war es stets eine Last, wenn ich etwas wußte, und es nicht aussprechen durfte, wenn ich eine Überzeugung gewonnen hatte, die ich dann aber für mich behielt, weil sie der jeweiligen Obrigkeit nicht gefiel. Dies hoffte ich mit der »Wende« ein für alle Mal abschütteln zu können. Das war naiv! Auch wenn man jetzt alles sagen kann, schlägt es unweigerlich auf die Position zurück, die man einnehmen will. Und darauf Rücksicht zu nehmen, ist mir zuwider. Ich will keine Position, wo ich nicht so sprechen kann, wie ich denke. Ich habe mich an den verlogenen Phrasen, die in der DDR fast überall anzuhören waren, wund gerieben – aber die diplomatische Sprache, die nichtssagenden Floskeln, die externale Sprechweise der Krawattenmenschen und Make-up-Damen sind mir auch ein Greuel.

Ich suche nach einer Versöhnung zwischen authentischer Sprache und äußerer Funktion, letztlich also zwischen den äußeren Zwängen und den inneren Bedürfnissen. Mir ist dabei klar, daß diese beiden Seiten nicht immer zur Deckung zu bringen sind und daß eine Diskrepanz zum normalen Leben dazugehört und auch ausgehalten werden kann. Gerade dafür haben wir Menschen ja auch unsere Gefühle, mit denen wir unabwendbare Spannungen auch verarbeiten können. Wenn diese Kluft aber zu Spaltungen führt, die den Strom des eigenen Lebens stark behindern und überhaupt Gefahren für das Leben bedeuten, werden Bemühungen um Integration sehr dringend. Eine solche Situation sehe ich für Deutschland gegeben. Meine Gedanken zu einer möglichen Versöhnung will ich mit Hilfe der Erfahrungen als Gruppendynamiker erläutern. In jeder Gruppe gibt es die bekannten Phänomene von Rivalität und Geltungsstreit und Dominanzgerangel, es gibt stets Führer und Sündenböcke, Mitläufer und Experten. Es gibt vordergründige Sach- und hintergründige, im Verborgenen wirkende Beziehungsprobleme. Es gibt bewußte Aufgaben und Themen und unbewußte Motive und Bedürfnisse. Der größte Teil der gruppendynamischen Verwicklungen und Streitigkeiten ist den unbewußten Motiven und Bedürfnissen und den daraus erwachsenden Beziehungsproblemen geschuldet. Diese werden meistens autoritär oder mittels demokratischer Mehrheitsentscheidungen zu bewältigen versucht. Das führt in der Regel zu rigiden und relativ starren Strukturen oder Spielregeln, was stets auf Kosten der wirklichen Bedürfnisse geht, die sich dann auch gar nicht erst entfalten können, aber im Verborgenen weiter wirken und Konflikte und Symptome schüren. Für den Reifeprozeß einer Gruppe ist es entscheidend, ob diese unterschwelligen Tendenzen sich entfalten und ans Tageslicht kommen können. Bei einer Minimalstrukturierung der Gruppe entsteht zunächst viel Angst und Verunsicherung, und es wird der Ruf nach straffen und klaren Strukturen immer lauter. Wird jetzt auf »demokratische Regeln« zurückgegriffen und Mehrheitsentscheidungen herbeigeführt, werden stets Minderheiten ausgeschlossen, bzw. das, was sie vertreten, wird nicht aufgenommen.

Nun bleibt es einem Gruppentherapeuten nicht verschlossen, daß gerade diese Minderheiten oder Außenseiter etwas verkörpern, was die anderen Gruppenmitglieder nicht wahrhaben wollen, was sie insgeheim bekämpfen und ablehnen, was aber zum tieferen Verständnis, zur Annäherung an die Wahrheit, zum gesunden sozialen Leben unbedingt verstanden und integriert sein müßte. Dafür sind also Abstimmungen ein unbrauchbares Mittel. Dagegen steht als Möglichkeit die häufig sehr belastende und unerträgliche Aufgabe, den Streit, die

Auseinandersetzung, die Klärung so lange und so weit zu betreiben, bis wie von selbst ein Konsens entsteht, weil alle untergründigen Behinderungen aufgedeckt sind und damit die für die momentane Situation und die anstehende Aufgabe günstigste Entscheidung allen verständlich und akzeptabel wird.

Eine solche Gruppe arbeitet nach anfänglich oft chaotischen Zuständen dann zuverlässig kooperativ und kreativ, und das macht in der Regel auch noch Spaß. Und wenn es schmerzliche Dinge gibt, besteht kein Zweifeln und kein Zaudern, der Trauer und dem Schmerz genügend Raum zu geben. Die individuellen Möglichkeiten und Grenzen der einzelnen Gruppenmitglieder werden beachtet und genutzt, die persönlichen Bedürfnisse können sich mit den Bedürfnissen der anderen treffen, abstimmen und ausgleichen, der Bezug zu den Realitäten und Sachzwängen bleibt angemessen erhalten. Dies ist möglich und zählt zu den angenehmsten Erfahrungen einer oft sehr anstrengenden Therapie – allerdings mit einer entscheidenden Einschränkung: Dies ist möglich im Schutzraum einer psychotherapeutischen Klinik. Es sind also ganz entscheidende Faktoren: Familie, Arbeit, Geld im wesentlichen ausgeklammert.

Nun gibt es allerdings auch Familientherapien oder Kommunen, die sich genau diesen wesentlichen Beziehungen stellen und auch Lösungen finden. Es liegen damit also auch schon gute wie schlechte Erfahrungen vor, die die Möglichkeiten einer psychotherapeutischen Klinik weit übersteigen. Über solche Möglichkeiten weiter ernsthaft nachzudenken, zu diskutieren und zu experimentieren, halte ich für zwingend geboten. Denn die Fragwürdigkeit der demokratischen Herrschaft der Mehrheit über die Minderheit wird bei der deutschen Vereinigung sehr deutlich: Ein ganzes Teilvolk wird als Minderheit mit demokratischen (als höchst edlen!) Mitteln »abgewickelt«, »evaluiert« und schließlich dem Reglement der Mehrheit unterworfen. Wenn Demokratie keine akzeptable Form der Integration von Minderheiten mehr zustande bringt, hat sie ihre Begrenztheit und die Notwendigkeit zur Weiterentwicklung gezeigt.

Bereits die außerparlamentarische Opposition, die Bürgerbewegungen, die gerade im Osten eine bedeutende Rolle bei der in Gang gekommenen Demokratisierung gespielt haben, und die immer größer werdende Zahl der Nicht-Wähler machen den Wandel der Zeiten deutlich: Die bisherige parlamentarische Demokratie hält den Herausforderungen der Zeit nicht mehr stand, jedenfalls wird sie bisher den Prozessen der deutschen Vereinigung nicht ausreichend gerecht.

An unseren bisherigen Wahlen kann man das noch einmal verdeutlichen: Wir hatten dafür weder hinreichend integere und »saubere« Kandidaten – es war also möglich, ehemalige Stasi-Mitarbeiter nach demokratischen Regeln zu wählen, also Menschen, die das Gegenteil einer demokratischen Gesinnung verkörpern dürften. Auch wir Wähler hatten weder Erfahrungen mit einem demokratischen Procedere noch mit in uns gereiften und überprüften politischen Haltungen, so daß mehr aus Affekten und kurzschlüssigen Wünschen heraus entschieden wurde – ein Beispiel mehr, wie politische Kultur an mit ihr gereifte psychische Strukturen gebunden ist –, noch hatten wir im Vereinigungsprozeß gleiche Chancen für Mehrheitsbildungen wie die Westdeutschen und ihre Parteien. Schon die Tatsache, daß einige Blockparteien mit den westdeutschen Schwesterparteien ohne große Schwierigkeiten verschmolzen sind, hat für uns einen Verlust an eigenen Positionen und Auseinandersetzungen bedeutet und spricht auch nicht für die westlichen Parteien, die es mit ihren christdemokratischen oder liberalen Positionen so ernst nicht meinen können, wenn sie die von der SED gekauften Parteifreunde ohne Schwierigkeiten in ihre Reihen aufnehmen. Die SPD ist da ein wenig besser dran, doch »geschluckt« hat sie auch sofort. Für eine sinnvolle Anwendung und Ausgestaltung der demokratischen Regeln gab es für die Menschen im Osten keine Chancengleichheit.

Die Vereinigung Deutschlands nach den Regeln westlicher Demokratie gestalten zu wollen, gibt nur ein trauriges Feigenblatt für einen Prozeß der Kolonialisierung und Unterwerfung ab, die auch nicht mehr mit der vorwurfsvoll-schuldbewußten Formel: Ihr habt es ja schließlich so gewollt! gemildert werden kann. Die unterschiedlichen Sozialisationen können nicht »demokratisch« an- oder ausgeglichen werden, sondern sie brauchen einen Prozeß, der eine Konsesbildung ermöglicht. Hier stehen wir wieder vor dem Problem: Sachzwänge und menschliche Bedürfnisse.

Erinnern wir uns an die gruppendynamischen Erfahrungen: Minimale Strukturierung mit verweigerter Führung (oder paradoxer Führung: der Gruppenleiter führt, indem er nicht führt) löst Unsicherheit und Angst aus, dann Streit, Kampf und Flucht, wobei Sündenböcke gesucht und auch gemacht werden. Es kommt also zu einer ziemlich chaotischen Übergangszeit mit unendlich vielen Versuchen, sich äußere Führung und Erlösung zu organisieren, und wenn dies schließlich ausbleibt, das eigene Leben nun doch, zunächst mühsam und schmerzend, so weit wie möglich in die eigenen Hände genommen und gemeinsam mit den anderen ausgestaltet werden muß, wird schließlich, nachdem Empörung und Wut und Schmerz sich entladen durften, auch eine ganze Menge Lust möglich.

Dies auf gesellschaftliche Prozesse zu übertragen ist schier undenkbar. Das große Chaos, Mord und Totschlag wären unvermeidbar. Und außerdem leben in der

Demokratie die Parteien und in der Marktwirtschaft die Banken, Versicherungen, Unternehmen, aber auch die großen Tröster (die Therapeuten, Berater und Seelsorger) und vor allem die Pharmaindustrie davon, sich als Retter und Führer aus der Not anzubieten – das ist im wesentlichen ihr Selbstverständnis und der erklärte Sinn ihrer Tätigkeit. Hier stoßen also die menschlichen Bedürfnisse an realpolitische Grenzen.

Wie wäre es aber, wenn wir die Idee des »Runden Tisches« aufgreifen und weiterentwickeln würden. Zugegeben, der »Runde Tisch« war erfunden worden, um in einem bereits entmachteten und handlungsunfähigen System noch Entscheidungen herbeizuführen, die auch zwischen den verfeindeten Gruppierungen konsensfähig waren, um vor allen Dingen mögliche Gewalt zu vermeiden. Die »Runden Tische« verkörperten aber auch die neue Idee und Notwendigkeit, verschiedene, entgegengesetzte und auch scheinbar unversöhnliche Positionen zum Ausgleich und zur Versöhnung zu bringen. Auch sollte ein bloßer Machtwechsel, der im neuen Regime unter einer frischen Fahne die alten autoritär-repressiven Verhältnisse fortsetzt, verhindert werden. Die Not und Gefahr in den Ostblockstaaten hatte diese neue Form der Konfliktbewältigung ermöglicht. Die parlamentarische deutsche Demokratie rümpft bisher die Nase gegenüber dieser Erfahrung: Wir haben das nicht nötig, ganz im Gegenteil, wir haben die Stärke und Überlegenheit unseres Systems eben erst bewiesen! Wozu also »Runde Tische«?!

Die Einsicht dazu könnte vielleicht aus den wachsenden Konflikten und Krisen im vereinten Deutschland kommen, aus der Unzufriedenheit der Menschen. Ich habe die Vorstellung, daß parlamentarische Ausschüsse oder Arbeitsgruppen und Menschen aller Art: Vertreter der Parteien, Verhandlungsgegner, Tarifpartner, die verschiedenen Interessenlobbyisten, also oben und unten,

Ost und West, links und rechts, Mächtige und Machtlose, Männer und Frauen sich an »Runden Tischen« erfahren und ausprobieren, praktisch stellvertretend für alle, und die Ergebnisse ihrer Arbeit bekannt machen. Dabei dürfte den Erfahrungen der Beziehungsarbeit und -klärung zunächst mehr Bedeutung zukommen als den Sachentscheidungen. Denn: ein Konsens verschiedener Auffassungen wird immer dann möglich, wenn die Beziehungsprobleme und die unbewußten Motive hinter den vordergründigen Argumenten aufgedeckt und ausgetragen werden. Ohne solche Beziehungsarbeit bleibt für einige stets die Klärung in Sachfragen wenig verständlich und auch nicht ohne weiteres angenommen, dann beginnt auf's neue wieder der Streit. Das Bewußtwerden der Motive für bestimmte Haltungen unabhängig von der Sachargumentation und das Verstehen der emotionalen Beziehungsverwicklungen bei allen Verhandlungen und Entscheidungen wären schon ein bedeutender Anfang. Dies würde auf jeden Fall die öffentliche Auseinandersetzung fördern und ein neues Problembewußtsein schaffen. Die verhängnisvolle Illusion würde endlich zusammenbrechen, daß Politiker vor allem aus rationalen Überlegungen handeln und Entscheidungen allein durch Sachzwänge bestimmt würden. Es wären erste Schritte, die bisherige Entweder-Oder-Macht zwischen Regierung und Opposition zu einer Sowohl-als-auch-Entscheidung zu bringen.

Ich will dies am Beispiel des Streites um den Paragraph 218 verdeutlichen, der ja im Moment die Ost-West-Differenzen noch am ehesten verkörpert. Statt einer Mehrheitsentscheidung darüber könnte eine Sowohl-als-auch-Entscheidung zum Beispiel darin bestehen, daß es weder ein einklagbares Recht auf Abtreibung noch ein Verbot gibt, auch weder eine Fristen- noch Indikationslösung, sondern einen »Runden Tisch«, an dem zum Beispiel die schwangere Frau, der dazugehörige Partner, ein Psychotherapeut, ein Theologe, ein Politiker, ein Philosoph, eine kinderreiche Mutter, eine Nonne und andere mehr sitzen und zu einer für alle akzeptablen Entscheidung finden, die dann sowohl eine Abtreibung als auch das Austragen der Schwangerschaft bedeuten könnte. Wohlgemerkt, ich denke nicht an eine Talk-Show oder eine Pro-und-Kontra-Runde, in der eine Entscheidung durch Argumentation gefunden werden soll, sondern es geht um das Auffinden und Klären aller hintergründigen und affektiv besetzten Motive der Für-und-wider-Argumente.

Ich kann mir auch Runden mit den unterschiedlichsten Frauen und Müttern vorstellen: der glücklichen, mit gesunden Kindern gesegneten Mutter, der kinderlosen, der alleinerziehenden, der Hausfrau und der berufstätigen, der in glücklicher und unglücklicher Ehe lebenden, mit kranken und behinderten Kindern und so weiter; oder auch Runden mit Menschen, die als Kind nicht gewollt oder auch ein Wunschkind waren, ein Kind mit dem Fluch: Sei nicht! oder mit dem Auftrag: Mach mich glücklich! Binde unsere Partnerschaft! Sei erfolgreich! Oder ein Kind aus einer strengen Erziehung mit seelischer, körperlicher Mißhandlung und sexuellen Mißbrauch oder aus einer »antiautoritären« Erziehung, aus einer wohlhabenden Familie oder aus einer, die von Sozialhilfe lebt und so weiter und so fort. Die Zusammensetzung ist dabei nicht das Entscheidende, sondern die Bereitschaft, nicht durch die besten Argumente siegen zu wollen, sondern die Beweggründe und Erlebensweisen bei sich selbst und den anderen umfassend verstehen und einfühlen zu können. So ließen sich optimale Lösungen für den jeweils einmaligen Einzelfall erreichen.

Gibt es aber ein gesetzliches Abtreibungsverbot, werden unzählige Frauen am Rumpfuschen sterben und nicht gewollte Kinder schwerste seelische Verletzungen und körperliche Mißhandlungen erleiden müssen. Gibt es die gesetzliche Möglichkeit zum Schwangerschaftsabbruch, wird viel Leben bedenkenlos getötet und Eingriffe mit seelischen und körperlichen Folgen vollzogen, ohne daß den Beteiligten eine wirkliche Chance gegeben ist, die Zusammenhänge und Hintergründe von Schwangerschaft und ihrem Abbruch wirklich zu verstehen und künftig besser gestalten zu können. Beide Entscheidungen, die nach redlichstem Bemühen zur demokratischen Abstimmung anstehen, bringen viel Unheil und gehen an den wirklichen Bedürfnissen der Menschen vorbei. Die Demokratie ist überfordert. Im Falle der Klärung auf Beziehungsebene werden die menschlichen Bedürfnisse optimal berücksichtigt und dennoch Entscheidungen möglich, die alle tragen können. Allerdings bedeutet dies für alle Beteiligten die bittere Erkenntnis eigener Begrenzungen und Fehlhaltungen, was etwas völlig anderes ist als durch kluge Argumentation oder demokratische Mehrheitsentscheidungen sich zu behaupten und den eigenen Willen durchzusetzen.

Es gibt inzwischen eine Reihe von anstehenden Problemen, wo bereits ein deutlicher Dissens zwischen Staat und Gesellschaft, auch in einer Demokratie, vorhanden ist: die Umwelt, die Atomkraftwerke, die Rüstung, die Arbeitslosigkeit, die Sozialpolitik und anderes mehr.

Die »Wende« in der DDR und der nachfolgende Vereinigungsprozeß machen immer wieder den Widerspruch zwischen Realpolitik und menschlichen Bedürfnissen deutlich. In Deutschland sind wesentliche »menschliche Bedürfnisse« unerfüllt, vor allem massenhaft die Wünsche nach natürlich-unverstelltem Sein, dem So-Angenommensein, ohne bestimmte Erwartungen erfüllen oder Leistungen erbringen zu müssen. Es geht um authentische Nähe mit dem Mut zum Fühlen, um wirkliche Freude am Leben, um offene und ehrliche Kontakte und

Lust, auch und vor allem in sexuellen Beziehungen. Diese Bedürfnisse waren in der DDR weitestgehend unterdrückt und eingeengt, in der BRD werden sie verfälscht und abgelenkt, so daß statt wirklicher Befriedigung Ersatzbefriedigungen den Markt beherrschen, der das ganze System in einen Kreislauf der Sucht zwingt.

Wir im Osten haben die äußere Unterdrückung und Einengung verloren, nur ein klein wenig hatten wir sie auch aktiv abgestreift, damit sind aber bereits die unerfüllten Sehnsüchte provoziert worden, die auch die schmerzliche Erinnerung wieder wachgerufen haben an die bitteren Erfahrungen des Mangels und des Defizits, der Trennung und Ablehnung, der Nötigung zur Unterwerfung unter den Willen der Mächtigen. Vor diesen Erinnerungen sind wir kollektiv in den Westen geflohen, haben um »Asyl« gebeten mit der Hoffnung, in den Ersatzbefriedigungen Trost und Erleichterung zu finden. Dabei zählen äußerer Wohlstand und äußere Freiheit für die meisten Menschen zu den wichtigsten »Bedürfnissen«, weil sie nicht mehr daran erinnert sein möchten, was ihnen wirklich fehlt.

Die Hilfe, die wir vom Westen tatsächlich erfahren, soll uns aus der Grauzone in die Glitzerwelt schleudern, aus der Notgemeinschaft des Mangels in die Terrorwelt der Fülle und Vielfalt, aus der »Depression« in die »Manie«. Wir werden von einem Betrug an unserem Leben in den nächsten gestürzt. Wir haben das heilend-reinigende Leiden an unserer gepreßten und verbogenen Vergangenheit mit so viel verlorenem Leben noch nicht einmal begonnen, und unsere tiefsten Sehnsüchte sind gerade erst aufgebrochen – und schon werden wir wieder in eine grandiose Enttäuschung entlassen. Ich sehe den Vereinigungsprozeß als einen großen Akt sozialer Gewalt, den wir bisher hinnehmen, um unsere Schuldgefühle zu beschwichtigen. Eine Gewalt, die von beiden Seiten ausgeht und uns etwas von der gestauten Aggressivität aus der entfremdeten Lebensweise deutlich macht.

Die Vereinigung Deutschlands beschert uns ein Dilemma, dessen Ausgang noch ungewiß, jedoch in seinen möglichen gefährlichen Folgen immer wahrscheinlicher wird. Die ständig wachsende Gewalt ist Tatsache, soziale Unruhen sind absehbar, von existentiellen Bedrohungen und Verunsicherungen in nicht geahntem Ausmaß sind die meisten ehemaligen DDR-Bürger betroffen. Das schöne und wahlkampfträchtige Versprechen: Keinem solle es schlechter ergehen! hat sich als fauler Zauber entpuppt: Fast allen geht es ganz real schlechter, wobei die seelischen Folgen an erneuter Demütigung, Kränkung, Einschüchterung, Verunsicherung und Ängstigung noch gar nicht abzusehen sind. Ebenso bedenklich sind die massenhaften Kompensationsversuche, die als Wendehalssyndrom, als Flucht nach vorn oder als neue Unterwerfung und pflichtbewußte Anpassung zu benennen sind. Die Hoffnung auf schnellen Erfolg im Sinne eines besseren Lebens ist zwar tief erschüttert; Enttäuschung, Ernüchterung und Verbitterung greifen um sich, doch führen sie noch nicht zu einem Umdenken oder zur Neubesinnung, aus der Krise sinnvolle innere Konsequenzen zu ziehen. Man läßt sich mit dem Wort Geduld vertrösten und hofft weiter auf das große Wundermittel Geld.

Viele fühlen sich wie nach einem verlorenen Krieg, von einer Siegermacht besetzt, die in einem umfassenden Diktat das Volk unter einen neuen schmerzlichen Gehorsam zwingen möchte. Dieser Vergleich ist jedenfalls häufig zu hören, und in der Tat erleben wir so etwas wie »frühkapitalistische« Mechanismen. Keine »soziale Marktwirtschaft«, sondern eine »brutale Marktwirtschaft«. Das Schreckbild, das die SED jahrzehntelang vom Kapitalismus gezeichnet hat, bestätigt sich in vielen Bereichen. Man kann sich ausphantasieren, daß Erich

Honecker, als er noch allabendlich die Tagesschau in Deutschland sehen konnte, verbittert und selbstgerecht stöhnte: »Na, was habe ich euch gesagt, genau davor wollten wir euch immer bewahren, aber ihr wolltet ja nicht hören!« Und man kann allerorten die Antwort des resignierten Volkes hören: »Das wollten wir ja nun wirklich nicht! Das haben wir uns ganz anders vorgestellt!«

Was hat uns denn die Vereinigung bisher gebracht? Zuerst kamen die Straßenhändler, dann die Autohändler im Wettrennen mit den Banken und Versicherungen, und die Begehrlichkeit und Unerfahrenheit der Ostdeutschen ist für alle zu einem Riesengeschäft geworden. Wir sind im Moment die große Umwälzpumpe des Profits. Der Vereinigungsprozeß entlarvt auf beiden Seiten die Masken. Die Karikatur ost-westlicher Verhältnisse wird zur bitteren Realität: die Tölpel und die profithungrigen Halsabschneider. Wir benehmen uns wie die Idioten, wenn wir Autos kaufen und weder Straßen noch Parkplätze dafür haben, wenn wir Versicherungen abschließen, die wir nicht brauchen, wenn wir Kredite aufnehmen, die wir nicht abzahlen können, wenn wir spottbillige Kaffeefahrten in die schönsten Gegenden Deutschlands mitmachen und mit einem Kaufvertrag über vielleicht 1000 DM in der Tasche zurückkommen mit Dingen, die wir nicht wirklich brauchen, wenn wir unsere Eier und unsere Milch nicht mehr kaufen wollen, es sei denn, sie werden überteuert von einem Westhändler angeboten.

Wir lassen uns »abwickeln« und »evaluieren«, wir lassen uns belehren, in Seminare stecken, wir lernen die Vokabeln der Demokratie, wie wir einst als Junge Pioniere die zehn Gebote der sozialistischen Moral lernen mußten, wir rätseln hilflos über Steuerfragen und stehen immer noch stundenlang an den Banken an, um aus unserem kleinen Geld möglichst hohe Gewinne zu erzielen. Wir kaufen jetzt alles bei »Quelle«, verlieren dadurch die Arbeitsplätze, finden dann neue Arbeit bei »Quelle« und müssen die Freizeit dem Arbeitsweg opfern, um uns die bestellten Pakete selbst zu packen und zuzuschicken. Ein ganzes Dorf verschleudert seinen Grundbesitz, im Geld ein nie erlebtes Glück erhoffend, aber nicht einmal das Geld fließt, weil der gierige Blick das »Kleingedruckte« nicht mehr erfassen wollte, das besagt, daß nur bezahlt wird, wenn auch die Baugenehmigungen kommen, und die lassen auf sich warten. So ist das Land weg, kein Pfennig Geld da, und möglicherweise muß auch die notwendige Sanierung des Bodens noch aus eigener Tasche gezahlt werden. Eine deutsch-deutsche Tragik-Groteske, die den makaberen Gesetzen der Ersatzbedürfnisse folgt, denen beide Seiten frönen, die einen nur als dilettantische Anfänger und die anderen als skrupellose Großmeister.

Wir zeigen uns als neue Untertanen bemüht, gelehrig und beflissen, im Kampf um die Existenzsicherung lernen wir die Ellbogenmentalität und konkurrieren die Reste unserer Solidargemeinschaft vollends auseinander, und in der abgenötigten Wendekür verkaufen wir schon wieder unsere Würde, jetzt nur an neue Herren und Gesetze.

Und wie sieht das westliche Gegenstück dazu aus? Unseriöse Händler auf den Straßen, die Kriminellen mit leichter Beute, die Dummenfänger an den Haustüren, zweitklassige Experten auf neuen Lehrstühlen, fragwürdige »Berater« in den Amtsstuben und Betrieben, eine Treuhandgesellschaft, die mehr zerstören als sanieren hilft. Wir sind der willkommene Absatzmarkt, der die Konjunktur im Westen ankurbelt, und sehen uns einer verlogenen Politik gegenüber mit mangelndem Mut zum Bekenntnis von Fehleinschätzung und Steuerlüge, mit dem krampfhaften Festhalten am Glauben an die Wunderdroge Geld. Und Geld wird wahrlich in riesigen Mengen zur Verfügung gestellt. Und schon hört man die altbekannten Töne: Wir müßten doch dankbar sein, kein anderes Land in Osteuropa hätte es so gut wie wir! Die »Teilung durch Teilen« überwinden zu wollen, ist die auf die Spitze getriebene Illusion, daß sich mit materiellen Mitteln alle Probleme lösen ließen.

Die DDR wird auf West getrimmt: Die Banken – dein Freund und Helfer (nicht mehr die Polizei!) – als Containerpack in jeder Baulücke, der Verfall durch Reklame zugedeckt, eine Imbißbude an jeder Straßenecke und Hunderte von Taxis vor den Bahnhöfen. Als wäre unser Leben auf Pumpen, Fressen und Reisen reduziert.

Unsere gestaute Aggressivität (Ost), die bisher die verdorbenen und starrsinnigen Politbürokraten auf sich gelenkt und mit ihrer repressiven Politik immer weiter verschärft hatten – aber sie waren nicht die wirklichen Verursacher unserer ohnmächtigen Empörung – wird jetzt auf neue Ziele und Objekte gelenkt. Das DDR-Verlust-Syndrom, in dem sich eigentlich ein Lebens-Verlust-Syndrom ausdrückt, soll jetzt in ewiger Anstrengung und Existenzangst seine Erschöpfung finden. Der Sturz unserer Oberen hat Erleichterung und Reue ausgelöst, eine tiefe Genugtuung und Schuldgefühle. Die Bilder vom toten Ceaucescu hatten dieses lüsterne Gefühlsgemisch vielfach aufscheinen lassen, zugleich aber das schlechte Gewissen verstärkt. So sind wir bestens vorbereitet zu neuer Unterwerfung, um unsere vermeintliche Schuld zu tilgen.

Und die gestaute Aggressivität (West) als Folge eines durch gnadenloses Konkurrieren und zwanghaftes Leistenmüssen entfremdeten Lebens hat jetzt endlich eine großartige Chance, sich nach Osten abgelenkt zu erleichtern. Wir werden gnadenlos unter die neuen Gesetze gezwungen, wir werden entmündigt und gedemütigt, viele werden in existentielle Krisen gestürzt und ausgegrenzt. Dies geschieht unter dem Primat von Sachzwängen und Realpolitik, die uns zunehmend als Legenden umranken.

So wird der Machtwechsel als »erste erfolgreiche Revolution auf deutschem Boden« gefeiert, die übereilte Vereinigung als von »den Deutschen mehrheitlich so gewollt« erklärt, die wachsenden menschlichen und sozialen Probleme mit »wir haben ja keine Zeit gehabt« entschuldigt, der Zusammenbruch des »real existierenden Sozialismus« als Sieg des Westens empfunden und als Beweis für die richtige Lebensart genommen, und die Vereinigungspolitik als richtig und erfolgreich behauptet mit der Beteuerung, es gehe unaufhaltsam voran und der Wirtschaftsaufschwung sei schon spürbar. So wird die unglückliche Einheit verklärt und ein Optimismus verbreitet, der an den menschlichen Bedürfnissen vorbeigeht.

Es ist richtig, daß gehandelt werden muß, daß Entscheidungen drängen, daß ein Geschehen verwaltet werden muß, das in seinem Umfang bisherige Strukturen überfordert, und eine neue Verwaltung dafür erst noch aufgebaut werden muß, da sind Reibungen und Störungen unvermeidbar. Doch die Sachzwänge eignen sich auch sehr gut zur Ablenkung von menschlichen Bedürfnissen. Die rasanten Umstellungsschwierigkeiten und die wachsenden existentiellen Bedrohungen, wie auch die Fülle neuer Aufgaben und Pflichten bei erfolgreicher Anpassung, lassen gar keinen Raum für Besinnung und Auseinandersetzung mit dem eigenen Leben. Sowohl die unkritische Hoffnung auf schnellen äußeren Aufschwung wie auch die Enttäuschung, daß alles nicht so läuft, wie gedacht, eignen sich als »Gefühlsschlucker« für die aufkeimenden tiefen Wünsche nach innerer Befreiung, nach einem natürlicherem und ehrlicherem Leben. Diese Sehnsucht ist – wie wir bereits wissen – mit Angst verbunden, weil sie uns an sehr frühe Enttäuschungen erinnert, die für das kleine Kind von lebensbedrohlichem Erleben sind. Deshalb dürfen wirkliche Nähe und Verständigung, wirkliche Befreiung und Freiheit nicht zugelassen werden. Da läßt sich schon die Hypothese wagen, ob nicht die menschenfeindlichen Züge der Vereinigung genau diesen Dienst erfüllen, uns vor den tieferen Schmerzen zu bewahren. Denn jetzt haben wir ja wieder jede Menge äußerer Anlässe zum Ärgern und Fürchten.

Wir sind im Osten von der inneren Unfreiheit in die äußere Freiheit geflohen, jetzt erleben wir auch die Ketten dieser »äußeren Freiheit« und reiben uns an ihnen. Wir haben unseren Aufbruch nach Westen gelenkt statt nach innen. Unsere großartige Befreiungsstimmung hatte für kurze Zeit ganz Deutschland erfaßt und die »Zufriedenheit« auch der Westdeutschen bedroht. Mit der bedingungslosen Unterordnung unter ihr System werden wir jetzt für die verursachte Beunruhigung bestraft. Wir hatten die Westdeutschen animiert, sie waren fasziniert von unserer »Revolution« – doch wir haben sie nicht vollendet. Die geweckten Erwartungen sind erbärmlich wieder zusammengebrochen. Auch für diese enttäuschte Hoffnung werden wir jetzt bestraft. Und auch dafür, daß wir den Westlern mit unserer Gier und dem Verfallensein an das Geld einen Spiegel vorhalten, der das kunstvoll geschminkte »schöne Angesicht« verzerrt. Die Kultur des Betruges gerät in Frage. Die gegenseitigen Enttäuschungen sind da, und die gegenseitigen Vorurteile und der Haß wachsen. Unsere Arbeitslosigkeit ist nicht nur Altlast und notwendige Gesundschrumpfung auf wirtschaftliche Effizienz, sie ist auch Ausdruck sozialer Gewalt, die das westliche Leben schon längst bestimmt und die jetzt in der Vereinigung eine Ablenkung auf uns ermöglicht.

Wir stehen vor der großen wie schwierigen Aufgabe, die Sachzwänge nicht allein zum Maßstab für die Realpolitik zu machen, sondern ihren Abwehrcharakter zu entlarven und allmählich eine Annäherung zwischen Realpolitik und menschlichen Bedürfnissen zu ermöglichen.

Zur »Therapie« der unglücklichen Einheit

Entwickelte »Runde Tische«

Ich empfinde das Bemühen, mit sehr viel Geld und gutem Willen die deutsche Vereinigung gestalten zu wollen, als tragisch. Die unseriösen Machenschaften können wir bei den folgenden Überlegungen ruhig vernachlässigen. Ich bin dabei erinnert, wie oft ich schon von Menschen erzählt bekam, meist unter Anzeichen tiefer Erschütterung, wie sie von ihren Eltern durch materielle Zuwendung zufrieden und glücklich gemacht werden sollten. Die Eltern wußten es nicht anders und konnten es nicht besser. Aber die Kinder brauchten meist etwas ganz anderes: körperlichen Kontakt, Zuhören, Interesse, Verständnis, auch Spiel und Kampf und Streit. Dies alles bekamen sie nicht oder nicht genügend, dafür aber reichlich Geschenke. Sie mußten damit zwangsläufig in einen tragischen Konflikt geraten, sie waren gelähmt in ihrer Kritik und wagten nicht, ihre Enttäuschung zu zeigen, um die Eltern nicht zu kränken und nicht als »undankbar« beschuldigt zu werden. An diese Berichte bin ich erinnert, wenn ich an unsere deutsche Situation denke.

Es fließt unvorstellbar viel Geld, aber es versickert, und die Menschen werden nicht froh dabei. Geld ist sozusagen wie das Blut in den Adern der »sozialen Marktwirtschaft«. Es versorgt und belebt den ganzen gesellschaftlichen Organismus und wird jetzt für uns gespendet. Das »Beste« wird für uns gegeben. Doch im Grunde genommen brauchen wir etwas ganz anderes. Wir haben eine bittere Vergangenheit, die ungeklärt immer mehr in uns absackt und die wir nicht einfach verkaufen können. Wir tragen aufgekeimte, aber bereits wieder enttäuschte Hoffnungen in uns, seitdem wir das Geld in der Hand halten und uns Zufriedenheit nicht kaufen können, und wir sind durch die Herrschaft dieses Geldes vielfach bedroht und unerträglich belastet. Nein, nicht daß es ohne Geld ginge, aber wenn es an die Stelle menschlicher Beziehungen und grundlegender Bedürfnisse tritt, hilft es nicht nur nicht, sondern vergrößert nur die Not.

Daß im Unterschied zum Marshall-Plan heute ungleich viel mehr Geld für den Neuaufbau einer Gesellschaft aufgebracht werden muß, liegt vor allem an den psychosozialen Fehlentwicklungen auf beiden Seiten: Wir wollen mit unseren neurotischen Versorgungswünschen und der Anspruchshaltung sofort das westliche Niveau geschenkt bekommen und möglichst auch noch für alles Vertane und Verlorene entschädigt werden, und der Westen wird Opfer seiner neurotischen Leistungs- und Erfolgssucht, so daß gepowert wird, nur um die »Überlegenheit« und »Stärke« zu beweisen. Um die unglückliche Vereinigung zu einer sinnvollen werden zu lassen, ginge es darum, unsere beiderseitigen Fehlhaltungen zu erkennen und aufgeben zu lernen. Eine solche Einstellung und ein Bemühen darum wäre bereits ein riesiger Gewinn. Aber davon sind wir noch weit entfernt.

Wieder fällt mir das Wort »tragisch« dazu ein. Als der Bundeskanzler am 7.4.91 bei seiner ersten Reise in die »neuen Bundesländer« nach den ersten gesamtdeutschen Wahlen Erfurt besuchte, sprach er erstaunliche Worte, sinngemäß: Die ökonomischen Schwierigkeiten werde man in einigen Jahren schon erfolgreich bewältigen können, doch die psychologischen Probleme machten ihm Sorgen; es sei die Frage, ob die Westdeutschen so viel Geduld und Verständnis für die (armen) Ostdeutschen aufbringen könnten, die vierzig Jahre in einem so furchtbaren Stasisystem leben mußten!

Ja, genau darum geht es! Doch wo bleibt die andere Seite? Macht sich der Kanzler aller Deutschen keine

Sorge, ob wir Ostdeutschen genug Geduld und Verständnis für die Westdeutschen aufbringen, die über vierzig Jahre ihre einseitige und entfremdende Prägung durch das Wertesystem des Geldes erfahren haben? Um dieses gegenseitige Verständnis unserer Fehlentwicklungen geht es aber.

Daß es psychologische Schwierigkeiten gibt, ist also nicht mehr zu verbergen, aber daß dies beide Seiten betrifft, wird noch längst nicht verwirklicht oder gar akzeptiert. So passiert die Besser-Wessi-Arroganz: Sie wollen Geld geben, auch Personalexporte, selbst Geduld und Verständnis, aber auf keinen Fall die eigene Not bedenken und die Notwendigkeit zur eigenen Veränderung sehen.

Am 10.4.91 kam der Bundeskanzler in einem Interview erneut auf die psychologische Seite der Vereinigung zu sprechen, und er forderte mehr Verständnis füreinander mit dem Hinweis, daß die Westdeutschen nicht so auftreten sollten, als wenn sie alles besser wüßten und könnten, und die Ostdeutschen müßten eben auch begreifen, daß der westliche Wohlstand nur durch harte Arbeit erreicht werden konnte.

Des Kanzlers Worte in alle Ohren, die immer noch glauben, man könne die psychosoziale Dimension der deutschen Vereinigungsnot geringachten, doch haften dem frommen Wunsche mindestens drei Probleme an: Erstens lassen sich durch Forderungen und die Einsicht in ein Problem noch keine wirklichen Verhaltensänderungen erreichen. Hier bedarf es der innerseelischen Bewältigung und Aufarbeitung der Hintergründe für das Fehlverhalten, und ein neues Verhalten ergibt sich in der Regel auch nicht von allein, sondern es muß eingeübt werden, und auch dafür bedarf es geeigneter Strukturen. Und zweitens, wenn es darum geht, daß die Ostdeutschen nur westliche Strukturen zu übernehmen haben, dann sind alle Westdeutschen den Ostdeutschen permanent überlegen, dann wissen und können sie ganz selbstverständlich alles besser, weil sie in das System hineingewachsen sind und sich über vierzig Jahre daran gerieben und auch damit auseinandergesetzt haben und auf diese Weise wesentliche Erfahrungen integriert haben. Das alles fehlt den Ostdeutschen. Auf dieser Ebene ist es also unsinnig, kein überlegenes Verhalten zu fordern, wo es einfach vorhanden ist. Wollte man dem Wunsche nachkommen, müßte man sich zu einem verlogenen und aufgesetzten Verhalten zwingen.

Würden sich aber West- und Ostdeutsche auf menschlicher Ebene begegnen, also wenn sie sich darüber verständigen würden, wie sie wirklich leben, was sie ängstigt und freut, wie sie die Beziehungen in der Familie zwischen den Geschlechtern und in der Sexualität gestalten, wie glücklich oder unzufrieden sie sind, dann dürfte es keinen großen Unterschiede mehr geben – allerdings ist diese Art von Begegnungen mit internalen, offenen, ehrlichen und sehr persönlichen Mitteilungen auf beiden Seiten nicht üblich. Im Westen scheint es mir noch schwieriger zu sein, wirklich von sich zu sprechen, weil dies sofort als »Schwäche« ausgelegt werden könnte und damit die Gefahr droht, an »Marktwert« zu verlieren. Dagegen hat die Angst und Einschüchterung durch die Stasiüberwachung im Osten weniger die privaten Mitteilungen berührt.

Und drittens ist die ständige Beteuerung, daß im Westen halt schwer gearbeitet werden mußte für den erreichten Wohlstand, für sehr viele Ostdeutsche eine permanente Kränkung und Beleidigung, denn hier wurde auch schwer gearbeitet, doch häufig entsprach die Effektivität der Arbeit nicht ihrem Aufwand, aber dies hat das System der Plan- und Kommandowirtschaft zu verantworten und nicht so sehr die Menschen. Und außerdem wollen die meisten Menschen hier hart arbeiten, nur sie haben keine Arbeit – da wirkt des Kanzlers Formulierung bereits zynisch.

Doch trifft die Formel von der »harten Arbeit« schon ein zentrales Problem, nämlich die Frage nach dem wirklichen Sinn und Wert solcher Art Anstrengung. Wenn vor lauter Arbeit das Leben versäumt wird und Geld dafür entschädigen soll, kann diese Formel kein Segen mehr sein. Und wenn harte Arbeit auf der einen Seite Wohlstand beschert und auf der anderen Seite Armut und Umweltzerstörung vergrößert, wird sogar ihr Fluch offenkundig. Eine wirkliche deutsch-deutsche Versöhnung wird nur dann zustande kommen, wenn Arbeit zu einem zentralen Thema wird und eine große Aussprache darüber einsetzt, welches Maß an Arbeit und welcher Grad von Wohlstand für uns, die nächsten Generationen, die Welt und die Natur und für die Verteilung der Güter auf Erden notwendig und erträglich ist.

Diese große Aussprache zum Thema »Arbeit und Wohlstand – Grund- und Ersatzbedürfnisse« wäre der erste »therapeutische« Schritt. Diese Aufgabe könnte sachbezogen von den Medien vorbereitet, von den Experten diskutiert, von den Künstlern und Schriftstellern emotional nahegebracht werden. Doch die neue, heilsame Qualität der Aussprache könnte aus den weiterentwickelten »Runden Tischen« erwachsen: eine Auseinandersetzung zum Thema, die vor allem die Beziehungsprobleme und unbewußten Bedürfnisse mit einschließen würde. Gruppendynamisch oder mit der Methode der »themenzentrierten Interaktion« (nach Ruth Cohn) ließe sich diese sonst ausgesparte Dimension erschließen und eine neue Chance eröffnen, ökonomische und menschliche Interessen zu versöhnen. Am Ende könnten vielleicht Ideen und praktische Vorschläge für die Struktur einer »menschlichen Marktwirtschaft« herauskommen. In der

Psychotherapie ist dies kein seltenes Ergebnis, daß mit der zunehmenden Fähigkeit zu befriedigenden, lustvollen mitmenschlichen Beziehungen und dem Mut zu offenen und ehrlichen emotionalen Mitteilungen das Begehren nach materiellem Wohlstand und Konsum abnimmt. Die suchtartig gesteigerten Ersatzbedürfnisse dürfen dann auf normale Konsumbedürfnisse zurückkehren.

Ein »Runder Tisch menschliche Marktwirtschaft« könnte Politiker, Arbeitgeber und -nehmer, Gewerkschafter, Arbeitslose, Sozialhilfeempfänger, Frauen und Männer und Kinder, Ost- und Westdeutsche und Experten jeder Art zusammenführen und Erfahrungen sammeln, die für weitere Entscheidungen hilfreich sein könnten. Die von Konkurrenz- und Machtinteressen und von intellektuell-argumentatorischem Schliff und Schnörkel befreite Kreativität würde Wahrnehmungen und nur erlebbare Erfahrungen befördern, die die andere und unterdrückte Seite unseres Menschseins, die für unser Leben und unser Überleben immer wichtiger wird, zur ausgleichenden Geltung bringen. Die aufgaben- und themenbezogene Arbeit solcher »Runden Tische«, die vor allem die emotionale Seite und die menschlichen Bedürfnisse mit berücksichtigt, könnte eine wichtige neue Beratungsfunktion für alle politischen und wirtschaftlichen Entscheidungen einnehmen.

Zwiegespräche

Zwiegespräche wollen das gegenseitige menschliche Verstehen befördern, sie sind nicht auf notwendige Entscheidungen aus, sie müssen nicht einmal bestimmte Themen oder Aufgaben anzielen.

In allen menschlichen Auseinandersetzungen spielen unbewußte Vorgänge (Bedürfnisse, Wünsche, Ängste) und Beziehungskonflikte (Projektionen, Rivalitäten, abgewehrte Gefühle, Wünsche und Sehnsüchte gegenüber dem Gesprächspartner) eine wichtige Rolle. Die unbewußte Beziehungsdynamik ist in der Regel der Grund für unglückliche Entscheidungen, für Sieg oder Niederlage, für den Zwang zu Abstimmungen.

Mit nur geringem Aufwand, ohne die Leitung durch einen Fachmann, bieten Zwiegespräche eine Möglichkeit, den Partner des Gespräches besser kennenzulernen, sich selbst besser verständlich zu machen und damit Beziehungsstörungen zu verringern. Bei vielen Veranstaltungen und Diskussionen in Westdeutschland ist mir immer wieder deutlich geworden, wie wenig wir Ost- und Westdeutschen uns wirklich kennen und voneinander wissen. Von daher kommt es, daß wir unsere Verschiedenheit meist unterschätzen. Häufig bin ich auch aus ganz ehrlichem Engagement heraus gefragt worden, womit denn jetzt am besten im Osten geholfen werden könne. Dabei wird fast immer und zuerst an materielle Dinge gedacht. Doch ich habe zunehmend die Überzeugung gewonnen, es geht vor allem um menschliche Begegnungen mit persönlichen Mitteilungen. Damit meine ich besonders die Gelegenheit, zueinander von sich zu sprechen, nicht mehr über etwas zu diskutieren oder gar nur geltungsstrebig aneinander vorbei zu reden bzw. bloße Konversation als Zeitvertreib zu treiben.

Von-sich-Sprechen meint das Sich-ehrlich-Machen, ganz authentisch die innerste Befindlichkeit allmählich mitzuteilen: die Gefühle, auch die Ängste und Sehnsüchte, die Befürchtungen, die Wünsche und Hoffnungen, die heimlichsten Freuden und Leiden. Bleiben dabei bohrendes Fragen, Drängen, Abwerten, Rechtfertigen und Zurechtweisen ausgeschlossen, werden zutiefst menschliche Begegnungen ermöglicht, die das sonst vorherrschende Abwehrverhalten allmählich unnötig werden lassen. Hinter den Masken erscheinen wieder die Menschen. Zwischen Ost- und Westdeutschen könnte damit vor allem auch das kollusive Zusammenspiel vermieden werden, das im Moment den politischen Alltag bestimmt. Mit Kollusion ist ein gemeinsames, allerdings unbewußtes Grundleiden gemeint, das nur unterschiedlich, meist polar entgegengesetzt abgewehrt wird (also zum Beispiel in den Gegensatzpaaren Aktivität und Passivität, Dominanz und Abhängigkeit, Herrschsucht und Gefügigkeit, Selbstbewußtsein und Selbstunsicherheit, Überheblichkeit und Gehemmtheit). Solche kollusiven Beziehungen zur gemeinsamen Abwehr des inneren Mangelsyndroms sind für die deutsch-deutschen Verhältnisse im Augenblick recht typisch. Ursprünglich waren solche Zwiegespräche für Paare entworfen: als ein ganz ungestörtes, wesentliches Gespräch von etwa eineinhalb Stunden Dauer mit dem Ziel, sich wechselseitig einfühlbar zu machen (vor allem von dem Psychoanalytiker Michael Lukas Moeller; vgl. Moeller: *Die Wahrheit beginnt zu zweit)*. Moeller schreibt dazu: »Das Geheimnis der Zwiegespräche beruht auf der Chance, die sich zwei Menschen bieten, ihre Andersartigkeit zu akzeptieren. Die Kultur des anderen wird aufgrund der wechselseitigen seelischen Übersetzungsarbeit gleichsam durchsichtig. Die übliche Abwertung des Fremden, ein archaisches Angstsymptom und die Essenz jeder Art von Rassismus, verliert ihren Boden.«

Es geht also darum, sich in wichtigen und wesentlichen Dingen mitzuteilen, dem anderen auch wirklich zuzuhören und die Äußerungen des jeweiligen Partners anzunehmen, also nicht in Frage zu stellen oder zu bewerten, sondern sich in die Sicht und Erfahrungswelt des anderen einzufühlen. Solche Zwiegespräche können zwischen Paaren, Freunden, Kollegen, aber auch mit Fremden geführt werden. Für unsere Überlegungen geht es vor allem um Ost-West-Zwiegespräche mit dem Ziel, die sehr unterschiedlichen persönlichen Erfahrungen in beiden Systemen, die Verschiedenheit der Lebensstile, die Kluft des Erlebens und Verhaltens herauszuarbeiten und sich verständlich zu machen (vgl. Moeller/Maaz: *Die Einheit beginnt zu zweit,* Berlin 1991) Solche Zwiegespräche können einmalig, in beliebigen Abständen fortgeführt oder in mehreren Sitzungen gebündelt geführt werden. Für den deutschen Vereinigungsprozeß wären organisierte Treffen zwischen Ost- und Westdeutschen denkbar, also für alle beliebigen Bürger, aber eben auch für Politiker, die verschiedenen Parteimitglieder, Kirchenvertreter, Wirtschaftsexperten und Fachleute jeder Art, sowohl untereinander als auch mit den jeweiligen politischen Gegnern und den kollusiven Partnern. Es könnten auch Politiker und Wähler, Manager und Arbeitslose, Vorgesetzte und Untergebene miteinander ins Gespräch kommen und die jeweils anderen Erfahrungen und Befindlichkeiten kennenlernen.

Am Sinn und Wert solcher Gespräche, mit denen man die Einfühlsamkeit, Zugewandtheit und Achtung fördern und vermitteln kann, dürfte es kaum Zweifel geben. Sie aber auch tatsächlich zu organisieren und zu führen, ist noch eine ganz andere Sache. Da dürfte es viele Widerstände geben, denn letztlich werden über solche Zwiegespräche auch die Abwehrstrategien aufgeweicht, an denen aber die meisten so hartnäckig festhalten, um sich nicht wirklich begegnen zu müssen. Und wer sich selbst nicht zu begegnen wagt, der wird auch einem anderen Menschen nicht wirklich begegnen wollen und können. Dies hat wieder etwas mit den eigenen bitteren und schmerzlichen Erfahrungen zu tun, die aus der Verdrängung wieder auftauchen könnten, wenn endlich etwas möglich scheint, was man immer ersehnt, aber nie bekommen hat. Andererseits kann es aber auch sehr hilfreich sein, die tiefe Erleichterung kennenzulernen, die eintreten kann, wenn man sich endlich mal wirklich mitteilt.

Zwiegespräche könnten die psychologische Dimension in den Vereinigungsprozeß hineinbringen, der ja bisher vorrangig politisch und ökonomisch vonstatten geht und an den Menschen zu scheitern droht. Zwiegespräche wären eine angemessene Antwort auf die illusionäre Hoffnung, daß alleine Geld und neue Wirtschaftsstrukturen unser Leben verbessern könnten. In solchen Gesprächen könnten wir lernen, die ostdeutsche und die westdeutsche Fassade aufzugeben, um dann festzustellen, daß wir in den ganz persönlichen Dingen sehr viel Ähnlichkeiten haben, und genau diese Erfahrung miteinander könnte die menschliche Vereinigung herstellen, ohne die sich die Politik wundlaufen und die Wirtschaft mehr Unglück bringen wird als gute und sichere Lebensgrundlagen. Es geht also darum, die psychologischen Barrieren abzubauen, Kollusionen und Kolonialisierung zu vermeiden, die nur die innere Mauer zwischen den Menschen verstärken. Und aus der größeren Nähe heraus und dem besseren Verständnis füreinander könnten auch Ideen für ein gemeinsames besseres und weniger entfremdetes Leben entstehen.

Selbsthilfegruppen

In der DDR durfte es keine Selbsthilfegruppen geben. Die Staatsdoktrin besagte: In der DDR hat es keiner nötig, sich selber helfen zu müssen, denn der Staat sorgt für alle bestens. Dies war der typisch entmündigende Stil dieses Systems, das an keiner Stelle Selbstverantwortung und Eigenständigkeit seiner Bürger zuließ oder gar förderte. Dies hätte den Oberen bereits Angst eingeflößt und die angemaßte »Fürsorge«-Position in Frage gestellt, die aber war nötig, um einer nicht legitimierten Macht Inhalt zu geben. Die Infantilisierung der Menschen ist ein Wesenszug autoritär-repressiver Verhältnisse. Auch jedwede spontane Initiative, die Menschen gleichen Sinnes zusammengeführt hätte, galt dem Staat als subversive Gefahr, denn immerhin beginnt die Kraft des Volkes dort, wo Interessen übereinstimmen und Verständigung hergestellt wird, was im Oktober und November 1989 deutlich zu beobachten und zu spüren war. Das Verbot von Selbsthilfegruppen zeigte aber auch eine bornierte Unkenntnis der Bedeutung psychosozialer Faktoren bei der Entstehung wie auch Lösung von Konflikten, Krankheiten und Lebensschwierigkeiten.

Der »real existierende Sozialismus« blieb in allen Bereichen einer materialistisch-naturwissenschaftlichen Doktrin verhaftet, und dazu gehörte auch das blinde, irrationale Vertrauen auf Experten. Letztendlich mußte es für alle Störungen eine Lösung geben, die von außen und oben verordnet werden konnte. Man müsse halt den »klugen« Rat der Autoritäten befolgen, dann werde schon alles besser werden. So bekamen viele Menschen in Not nicht nur keine Hilfe, sondern wurden auch zusätzlich noch belastet und geschädigt, wenn sie zu hören bekamen: Du mußt, du sollst, befolge folgende Anweisungen... Denn fehlendes Wissen oder mangelnde Einsicht sind in der Regel nicht die Gründe für Fehlverhalten, sondern diese sind nur tief in den seelischen Strukturen der Menschen zu finden. Wer dann noch belehrenden Rat bekommt, dem wird nochmals in die Wunde gestochen. In der DDR mußte jede Gruppe von Menschen, die bestimmten Interessen folgte, einen Leiter haben, sie mußte organisiert und damit angemeldet sein, und damit kam sie unter autoritäre Bevormundung, und die wirklichen Bedürfnisse konnten nicht mehr gezeigt, gelebt und befriedigt werden.

Auch in der Psychotherapie sind Selbsthilfegruppen eine unerläßliche Hilfe. Therapie heißt letztlich: Verändere dein Leben!, und das bedeutet einen jahrelangen Prozeß von Neuerfahrungen und mühsamen Umgestaltungen. Dies kann nicht allein in einer Therapiegruppe oder auf der Couch des Therapeuten gelingen. Um mit der Diskrepanz zwischen therapeutisch notwendigem und sinnvollem und gesellschaftlich möglichem Leben zurechtzukommen, in ständiger Auseinandersetzung und Reflexion zu bleiben, dazu sind Selbsthilfegruppen eine unerläßliche Hilfe. In solchen Gruppen können Patienten ständig ihre Erfahrungen austauschen, sich gegenseitig ermutigen und stützen und sich in schwierigen Situationen aussprechen, wobei allein schon der verständnisvolle Kontakt zu ähnlich Betroffenen eine wesentliche Hilfe bedeutet.

Immer sind Selbsthilfegruppen auch wesentliches Übungsfeld für alternative Lebensformen, die therapeutischen Zielvorstellungen entsprechen. Wobei das Wort »alternativ« insofern eine Berechtigung hat, weil durch die umfassenden Neu- oder Wiedererfahrungen der verdrängten und abgespaltenen Wünsche und Bedürfnisse das Interesse wächst, das eigene Leben weniger entfremdet zu gestalten und wesentliche, entspannende und gesunderhaltende Verhaltensweisen wie Gefühlsausdruck, zwischenmenschliche Nähe mit verbaler und emotionaler Intimität weiterzuentwickeln und miteinander zu pflegen. Dafür bleibt in der Regel im durchschnittlichen Alltag kein Platz, ja man erntet eher Befremden und Hohn, will man diese Seiten zeigen und leben lassen.

Selbsthilfegruppen im Zusammenhang mit dem deutschen Vereinigungsprozeß könnte wesentliche psychosoziale Funktionen erfüllen. Die allgemeine Verunsicherung, die vielfache Rat- und Hilflosigkeit, die vorhandene Empörung und Enttäuschung, die Ängste, aber auch die

Hoffnungen und Pläne für die Zukunft fänden Raum und Zeit, um sich zu artikulieren, um Aufmerksamkeit und kritische Auseinandersetzung zu erfahren. Selbsthilfegruppen geben eine Minimalstruktur, einen geeigneten Rahmen, um sich zu entlasten, um Solidarität zu erfahren und zu üben, und zugleich werden Anregungen ermöglicht und neue Ein- und Aussichten gefördert. Es wäre vor allem eine wesentliche Chance, Verbundenheit durch gemeinsame Betroffenheit zu erfahren als Schutz gegen Vereinzelung, Resignation und Verzweiflung, und auch um belastende oder gar destruktive Konkurrenz und Feindseligkeit zu verhindern, die in Krisenzeiten leicht am Nächsten abreagiert werden.

Es gibt auch viele Themen, die im Moment fast alle im Osten angehen: die neuen gesellschaftlichen und wirtschaftlichen Verhältnisse, die Arbeitslosigkeit und soziale Not, die Folgen und Schäden des »real existierenden Sozialismus«, die Problematik westlicher Lebensart – Themen, über die Information, Austausch und gemeinsames Nachdenken wichtige Hilfen wären und damit auch gute Voraussetzungen für sinnvolle und notwendige Initiativen schaffen könnten. Es kann ja eben nicht nur darum gehen, mit den neuen Verhältnissen fertigzuwerden und sich darin halbwegs einzurichten, sondern vor allem auch darum, diese Verhältnisse aktiv mitzugestalten und nach eigenen Möglichkeiten und Bedürfnissen zu prägen. In diesem Sinne würden Selbsthilfegruppen auch den Boden bereiten für eine Basisdemokratie und Wege zu einer »menschlichen Marktwirtschaft« finden helfen. Ein Netzwerk von Selbsthilfegruppen wäre ein Meilenstein auf dem Weg zu einer »therapeutischen Kultur«.

Selbsthilfegruppen brauchen Initiatoren und Organisatoren. Sie brauchen vereinbarte Orte, Räume und Zeiten und die Bereitschaft, sich mitzuteilen und anderen zuzuhören. Es sollten Orte des wachsenden Vertrauens sein, wo es nicht mehr um richtige und falsche Meinungen, um dumme Fragen und schlaue Antworten, um bewertende Urteile und Streit gehen sollte, sondern darum, sich auszusprechen, den anderen verstehen zu wollen und sich auch einfühlen zu können, nicht Recht behalten oder bekommen zu wollen, nicht glänzen und angeben zu müssen, aber sich anregen lassen und lernen, auch gegensätzliche Meinungen nebeneinander stehen zu lassen. Selbsthilfegruppen brauchen keine Leiter, keine Referate und keine Dominanz von Experten. Sie werden getragen von einer gemeinsamen Idee und einem gemeinsamen Willen. Die Gruppen geben sich ihre Regeln selbst und sind offen für Veränderungen und Entwicklungen. Selbsthilfegruppen sind ein bedeutender Anfang für eine neue Kultur des Zusammenlebens, sie helfen, autoritäre Strukturen, Abhängigkeiten und Untertanengeist zu überwinden, sie relativieren das Verhältnis von Oben und Unten, sie fördern die Verantwortlichkeit und die Initiative des Einzelnen.

Balint-Gruppen

Michael Balint, ein aus Ungarn stammender englischer Psychoanalytiker hatte eine einfache, aber geniale Idee. Er führte Allgemeinärzte zu einer Gruppe zusammen und analysierte mit ihnen gemeinsam die Beziehung zwischen dem Arzt und seinem Patienten, vor allem bei sogenannten Problemfällen. Damit wurde eine wesentliche Einengung des schulmedizinischen Denkens überwunden. Es ging nicht mehr um Krankheiten und ihre Diagnostik und Therapie mittels akademischer Kenntnisse, die den Patienten zu einem Objekt machen, sondern es ging um kranke Menschen in lebendigen Beziehungen und veränderlichen Situationen.

Balint brachte somit eine zentrale Erkenntnis der Psychoanalyse in die Allgemeinmedizin, nämlich daß Krankheiten und ihr Erscheinungsbild wesentlich durch menschliche Beziehungen verursacht und ausgestaltet werden. Diese Tatsache gibt der Arzt-Patient-Beziehung eine herausragende Bedeutung für die Therapie, das heißt Therapie geschieht im wesentlichen in und durch die Beziehung. Balint prägte auch das Wort von der »Droge« Arzt: Der Arzt als Mensch und Beziehungspartner entscheidet mit der Art seiner Beziehungsgestaltung zum Patienten meist wesentlich mehr über den Erfolg einer Therapie oder den Ausgang einer Krankheit als Medikamente oder sonstige äußere Anwendungen und Verordnungen. Balint lehrte also die praktischen Ärzte, sogenannte schwierige Fälle als Ausdruck von Beziehungsstörungen zu verstehen.

Die Ursache vieler Krankheiten liegt in frühen Beziehungsstörungen zwischen Mutter, Vater und Kind, und meistens werden diese frühen Erfahrungen zu einem wesentlichen Muster für alle späteren Beziehungen. Durch diese Wiederholungen werden die ursprünglichen negativen oder defizitären Erfahrungen allmählich verfestigt, bis sie sich anhand von Krankheitssymptomen bemerkbar machen.

Mit den angelernten Beziehungsmustern gestaltet in der Regel jeder Patient auch sein Verhältnis zum Arzt, darin liegt die Gefahr und die Chance für jede Therapie. Die Gefahr besteht darin, daß der Patient seine ungünstigen, ihn kränkenden und später krankmachenden Beziehungserfahrungen mit seinem Arzt wiederholt, und daß damit das eigentliche Problem chronifiziert wird, was bei vielen Erkrankungen leider häufig passiert, vor allem immer dann, wenn auf das Leiden des Patienten nur medizinisch reagiert und die psychosoziale Dimension der Erkrankung vernachlässigt wird.

Die Arzt-Patient-Beziehung bietet aber auch eine großartige Chance, denn wenn sich in ihr die ursprünglichen Beziehungsstörungen wiederholen und spiegeln, dann können sie auch erkannt und zu einem besseren, letztlich gesünderen Ausgang geführt werden, vorausgesetzt, der Arzt versteht etwas von der Beziehungsdiagnostik und ist zu einer reiferen Beziehung, als es jemals die Eltern waren, fähig und bereit.

Man kann die Balintsche Idee etwa folgendermaßen zusammenfassen: Die unglücklichen, verletzenden und traumatischen Erfahrungen, die ein Mensch als Kind machen mußte und die Tatsache mangelnder Befriedigung und Bestätigung führen zu entsprechenden seelischen und charakterlichen Strukturen, wodurch die früheren Erfahrungen schließlich verinnerlicht sind. Die ursprünglichen Beziehungserfahrungen gerinnen also zu innerseelischen Strukturen, die dann dafür sorgen, daß möglichst alle zwischenmenschlichen Beziehungen nach dem Urmuster ausgestaltet und das heißt entsprechend manipuliert werden. Wenn der Arzt sich nicht entsprechend dem Beziehungsangebot des Patienten manipulieren läßt, wächst die Chance für günstigere Neuerfahrungen, an denen der Patient schließlich gesunden kann.

Um nur einige Beispiele für weitverbreitete manipulierende Beziehungsangebote zu geben: Schweigen nötigt die Beziehungsperson zum Sprechen, Hilflosigkeit provoziert Hilfe, Ratlosigkeit fordert Beratung, Fragen verführen zu Antworten, Schmerzen lösen schmerzlindernde Aktivitäten aus und so weiter. Nur, wer nicht wie erwartet reagiert, eröffnet eine Chance, daß die wirkliche Bedeutung oder Ursache von Schweigen, Rat- und Hilflosigkeit, von Schmerzen aufgedeckt werden kann. Und übrigens: Hinter jeder Frage steckt längst schon eine Antwort! Machen Sie die Probe auf's Exempel: Fordern Sie den nächsten Frager auf, er solle selber antworten, Sie werden verblüfft sein, was der Frager längst alles weiß. Fragen sind in aller Regel manipulierende Beziehungsangebote.

Der Arzt braucht also ein psychosoziales Verständnis für die Entstehung von Krankheiten, und er braucht Selbsterfahrung über seine Art der Beziehungsgestaltung mit all seinen Fähigkeiten, aber auch Störungen und Begrenzungen, was allerdings an der Universität in der Regel nicht gelehrt wird. Eine solche Erfahrung erwirbt man sich durch eigene Therapie- oder Lehrerfahrung. Der Arzt entscheidet also häufig durch die Art und Weise, wie er auf das Beziehungsangebot (zum Beispiel Symptome) des Patienten reagiert und wie er selbst die Beziehung gestaltet (zum Beispiel autoritär-belehrend, medizinisch-sachlich oder menschlich-emotional), über den Ausgang einer Erkrankung, ob sie chronifiziert, symptomatisch nur beruhigt, aber nicht ursächlich geklärt wird, oder ob sie wieder in den zugrundeliegenden psychosozialen Kontext übersetzt wird und aus einem tieferen Verständnis durch Einsicht, emotionale Verarbeitung und schließlich neue Verhaltensweisen ausheilen kann.

Solche Balint-Gruppen gehören inzwischen zum festen Ausbildungsprogramm für alle psychotherapeutisch tätigen, aber leider noch nicht für alle Ärzte, obwohl in jedem medizinischen Fachbereich die psychosoziale Dimension eine wesentliche Rolle bei allen Erkrankungen spielt. Eine beziehungsorientierte Analyse ist aber nicht nur für das Arzt-Patient-Verhältnis zum besseren Verständnis für krankhafte Zustände und deren Heilung von unerläßlichem Wert, sondern auch überall dort, wo zwischenmenschliche Beziehungen entscheidenden Einfluß auf Sachinhalte, Entwicklungsprozesse, zu treffende Entscheidungen, zu lösende Aufgaben und zu bewältigende Konflikte nehmen, wären Balint-Gruppen eine sinnvolle

Einrichtung und eine dringende Empfehlung. Ich denke vor allem an die Beziehungen zwischen Eltern und Kind, zwischen Lehrer und Schüler, zwischen Offizier und Soldat, Richter und Angeklagten, Vorgesetzten und Untergebenen, Politiker und Bürger.

Es ist klar, daß in einem Macht- und Kompetenzgefälle zwischen Menschen die Inhalte allen Geschehens häufig sehr nachhaltig durch unbewußte oder nicht reflektierte Beziehungsvorgänge beeinflußt werden. Besonders autoritäre Verhältnisse können die besten sachlichen Entscheidungen in ihren Wirkungen einschränken und den Erfolg verhindern, weil unbewußt Widerstand und Protest geleistet wird. Und dadurch werden auch wesentliche kreative und innovative Möglichkeiten beschnitten.

Im Unterschied zu Selbsthilfegruppen sind Balint-Gruppen also berufshomogene Gruppen von zum Beispiel Ärzten, Psychologen, Lehrern, Politikern und anderen, die regelmäßig zusammenkommen mit der Bereitschaft, über problemgeladene Beziehungen zu sprechen. Wie geht es einem Lehrer mit einem chronischen Störenfried in der Klasse, was empfindet ein Politiker gegenüber einem fordernden und ihn kritisierenden Bürger oder einem Vertreter der Opposition, was geht in einem Richter emotional vor, wenn er über einen Mörder oder Vergewaltiger zu entscheiden hat, wie geht es Eltern mit einem behinderten Kind, wie reagiert ein Vorgesetzter auf einen faulen oder unzuverlässigen Mitarbeiter? Wie geht es Westdeutschen mit Ostdeutschen und Ostdeutschen mit Westdeutschen?

Alles sehr wichtige Fragen, deren Beantwortung nicht nur wenig üblich, sondern auch sehr schwierig sein dürfte, doch von größtem Wert ist für gute Entscheidungen und vor allem für die Klärung und Auflösung zugespitzter Konflikte oder sogenannter »Sackgassen« der Beziehung.

Natürlich räumt ein solches Vorgehen mit manchen Illusionen auf, zum Beispiel man würde stets sachlich-rational entscheiden und urteilen, man habe alle Kinder gleich lieb, man würde keinen Schüler bevorzugen oder benachteiligen, man würde immer nur das Beste für seine Patienten wollen, man handle nur zum Wohle seiner Wähler und würde stets nach bestem Wissen und Gewissen seiner Aufgabe dienen. Dagegen wird unvermeidbar deutlich werden, daß man Kinder, Schüler, Patienten und Bürger auch haßt und ablehnt, daß sie einem gleichgültig sein können, daß man sich vor ihnen ängstigt, daß es erotische Gefühle gibt, die man nicht wahrhaben will, daß man Vorurteile hat und, alles in allem, daß die meisten sachlichen Entscheidungen stets von seelischen Hintergründen beeinflußt sind.

Von daher wird leicht verständlich, daß ein solcher Erkenntnisprozeß von vielen abgelehnt wird, obwohl er für alle anstehenden Aufgaben sehr hilfreiche Klärungen herbeiführen könnte. Balint-Gruppen sind in der Lage, die Gleichwertigkeit emotionaler Beziehungsvorgänge, die meist unbewußt ablaufen, zu den bewußten rationalen Überlegungen und Haltungen deutlich werden zu lassen und die verhängnisvolle Fehleinschätzung zu beenden, daß wir in wichtigen und ernsten Angelegenheiten und bei der Pflichterfüllung ganz sachbezogen und vernunftgetragen nach den vorgeschriebenen Geboten und Regeln entscheiden und handeln würden. Dies wäre ein wirksames Mittel gegen das Wuchern autoritärer Strukturen im Interesse wahrhaft demokratischer Verhältnisse.

Auch für das deutsch-deutsche Verhältnis, also die Beziehungen zwischen Ost- und Westdeutschen, die im Moment gemeinsam sehr viele, schwierige und belastende Sachaufgaben zu bewältigen haben, die aber, wie wir sehen müssen, vor allem durch Beziehungsprobleme erschwert sind oder daran sogar scheitern, wären Balint-

Gruppen eine entscheidende Hilfe. Solche Balint-Gruppen brauchen für diese Aufgabe speziell ausgebildete Gruppenleiter.

Zentren für psychosoziale Angelegenheiten

Bei meinen Überlegungen gehe ich davon aus, daß der deutsche Vereinigungsprozeß im Moment vor allem ein psychosoziales Problem ist. Der politische Wille und die ökonomische Kraft für die Vereinigung scheinen hinreichend vorhanden, doch die unterschiedlichen psychosozialen Haltungen und Einstellungen, die überwiegend als fast entgegengesetzte Abwehrstrategien gegen das innere Mangelsyndrom nach den jeweiligen gesellschaftlichen Bedingungen und Nötigungen entwickelt wurden, erschweren und belasten den Prozeß der menschlichen Vereinigung und schlagen neue seelische und soziale Wunden. Sie sind auch der wesentliche Grund, weshalb die finanziellen Aufwendungen nicht wirklich greifen, die Menschen damit nicht zufrieden sind oder wenig Geduld und Verständnis für die Phase des gesellschaftlichen Umbaus aufbringen. Die vorhandenen psychologischen Mauern erschweren den Vereinigungsprozeß, und zu ihrer Auflösung bedarf es entsprechender Möglichkeiten und Mittel. Wollen wir psychosoziale Fehlentwicklungen überwinden und abbauen, dann sind folgende Schritte sinnvoll: zunächst Förderung eines Problembewußtseins, dann das Erkennen der eigenen Fehlhaltungen, Kontakt zur eigenen Entfremdung herstellen, einen emotionalen Verarbeitungsprozeß ermöglichen, der vor allem Zorn, Schmerz und Trauer erlaubt, um dann gesündere und weniger entfremdete Verhaltensweisen einzuüben.

Die deutsche Vereinigung konfrontiert uns erneut mit der Vergangenheit: Wir haben die nationalsozialistische

Schuld, die ostdeutsche und die westdeutsche Fehlentwicklung zu verstehen und unsere persönliche Betroffenheit dabei zu erkennen. Es geht weiter um die kritische Auseinandersetzung zwischen Ost und West, um das Erkennen unserer Unterschiede und Ähnlichkeiten. Das vorsichtig-verlogene Umgehen miteinander muß endlich einem offenen Meinungsaustausch weichen. Wir haben uns eine Menge zu sagen, vorzuwerfen, wir müssen streiten und können auch voneinander lernen. Dadurch könnte eine wachsende Selbst- und Mitbestimmung für unsere neuen gemeinsamen Verhältnisse befördert werden, was etwas völlig anderes ist als der Triumph eines problembeladenen Systems über den Niedergang eines verrotteten Systems. Wir stehen vor der dringenden Aufgabe, die Entwicklungsbedingungen für die unterschiedlichen Sozialisationen gegenseitig zu verstehen und eine Annäherung durch Veränderungen und Entwicklungen auf beiden Seiten zu erreichen. Und wir stehen unter Druck, um angesichts der schnell wachsenden globalen Probleme, der Umweltkatastrophe, den wirtschaftlichen Problemen des Ostens und der rasenden Not des Südens hilfreiche und sinnvolle Konzepte zu entwickeln, vor allem was unseren eigenen Schuldanteil daran betrifft.

Ebenso wie die politischen und wirtschaftlichen Bemühungen ohne geeignete psychosoziale Unterstützung wenig Erfolg haben und keinen guten Widerhall finden, so sind auch alle Bemühungen um psychosoziale Veränderungen wenig erfolgreich, wenn sie nicht in ein gesellschaftliches und kulturelles Klima eingebettet sind, das entsprechende Erkenntnisse und Entwicklungen wünscht und befördert.

Aus der Psychotherapie wissen wir, daß eine Therapie nicht angeordnet werden kann, wie es in der Medizin sonst üblich ist, sondern sie kann nur vereinbart werden und setzt eine Bereitschaft zu Erkenntnis und Veränderung voraus. Die Vereinbarung beinhaltet Verpflichtungen und Verbindlichkeiten für beide Vertragspartner. Der Therapeut ist nicht ein bloßer Experte, der am »Objekt« Patient etwas zu vollziehen oder in Gang zu bringen hat, sondern er ist ein Beziehungspartner, der als Mensch selbst in den therapeutischen Prozeß mit einbezogen ist und sich praktisch in jeder therapeutischen Beziehung mitentwickeln muß. Die Bereitschaft zur therapeutischen Veränderung wächst mit dem Leidenszustand eines Menschen.

Im Moment ist im Osten Deutschlands die psychosoziale Not ein wachsendes Problem, dies könnte den fruchtbaren Boden für sinnvolle Veränderungen darstellen. Andernfalls ist die Gefahr groß, daß die wachsende Krise gesellschaftliche und individuelle Fehlentwicklungen provoziert und damit das radikale Gewaltpotential vermehrt. Alle hier angestellten Überlegungen für notwendige psychosoziale Veränderungsprozesse können prinzipiell nur auf freiwilliger Basis, aus dem eigenen Wunsch oder auch der inneren Not heraus aufgegriffen werden. Allerdings können Entscheidungen durch förderliche oder hinderliche Bedingungen beeinflußt werden. Zu Zeiten der DDR waren die Rahmenbedingungen dafür ausgesprochen hinderlich, allerdings werden auch in der alten Bundesrepublik psychosoziale Vorgänge vernachlässigt, abgewertet oder vermarktet. In beiden Systemen bestand beziehungsweise besteht eine abwertend-diskriminierende Einstellung gegenüber psychischem Leiden.

Es müßte also vor allem darum gehen, förderliche Bedingungen für psychosoziale Angelegenheiten zu schaffen. Dies kann von entsprechenden Zentren geleistet werden, die zwar staatlich gefördert, aber ansonsten nicht von Machtinteressen und Parteipolitik beeinflußt sein dürfen. Mit staatlicher Förderung sind finanzielle Mittel, aber auch eine grundsätzliche Bejahung der wachsenden Bedeutung der psychosozialen Dimension für die gesellschaftliche Entwicklung gemeint. Solche Zentren könnten wesentliche Funktionen und Aufgaben erfüllen:

1. Forschungsaufträge für psychosoziale Vorgänge in der Gesellschaft;
2. Öffentlichkeitsarbeit, Informationen und Aufklärungen, um das notwendige Problembewußtsein zu schaffen und zu fördern;
3. Organisation von umfassenden Basisaktivitäten für die Begegnung von Menschen mit der Möglichkeit internaler Mitteilungen (»Runde Tische«, Zwiegespräche, Selbsthilfegruppen, Balint-Gruppen);
4. Ausbildung von Organisatoren, Moderatoren, Gruppenleitern, Beratern und Supervisoren für die Organisation und Begleitung der notwendigen psychosozialen Aktivitäten;

Es gibt bereits eine Vielzahl von Institutionen und Organisationen, die sich solcher Aufgaben annehmen. Die vorhandene Kultur von Begegnungen, Wissens- und Erfahrungsvermittlungen und politischer Bildung unterscheidet sich aber in einem wesentlichen Punkt von dem hier vorgetragenen Anliegen: Die emotionale Betroffenheit ist nicht Gegenstand der Veranstaltungen und auch nicht Anlaß für weitere tiefergehende Bearbeitung. Dazu fehlen in der Regel Raum und Zeit, häufig ist auch keine kompetente Ermutigung und Begleitung vorhanden, oder es fehlt überhaupt die Bereitschaft dazu. Im Osten werden zur Zeit eine Fülle von Lehrgängen, Seminaren und Work-shops angeboten, meist von westdeutschen Institutionen und Beratern.

Sicher, es gilt eine Menge Neues zu lernen und die Erfahrungen unseres eingemauerten Horizontes zu erweitern, doch wirft bereits die Einseitigkeit dieser Kurse ein bezeichnendes Licht auf die vorliegenden Verhältnisse: der Westen lehrt, der Osten lernt, andersherum läuft gar nichts. Ich will nicht den Streit neu entfachen, was wir denn zu lehren hätten, nein – doch unsere Lebenserfahrungen wären schon interessant. Dafür gibt es natürlich keine Zertifikate und keinen Pfennig. Aber die ungeklärten und belastenden Erfahrungen und Erlebnisse, die in den Menschen schmoren, erschweren jedes Lernen, und daß sich auch kaum einer für unsere persönlichen Erfolge und unseren Stolz interessiert, das kränkt und schürt den Widerstand gegen die neuen Herren. Aus keinem Lehrgang sollten deshalb Selbsterfahrungsmöglichkeiten ausgeschlossen bleiben, die Angebote zur Klärung der psychosozialen Probleme aus unserer Vergangenheit und in der Gegenwart im Umgang der Deutschen miteinander machen.

Ich denke dabei zum Beispiel an unsere Schulen. Die Überprüfung der Lehrer auf ihre Spitzeldienste und auf üblen psychologischen und propagandistischen Terror gegen Schüler ist richtig und notwendig. Verdorbene Charaktere sollten weder erziehen noch lehren. Aber damit ist es noch lange nicht getan. Kaum ein Lehrer konnte sich entziehen, das Loblied des Sozialismus zu singen, und heute sind sie angehalten, Demokratie zu lehren. Was lernen Schüler daraus: ehrlose Anpassung! Das Vertrauen dürfte in den Schulen für lange Zeit belastet sein. Ich würde es überhaupt nicht für absurd halten, wenn für einige Wochen der Fachunterricht beiseite geschoben würde und nichts anderes geschähe, als Beziehungsklärung zwischen den Lehrern untereinander und zwischen den Lehrern und Schülern, wobei über alle Vorbehalte, Verlogenheiten, Unehrlichkeiten, Ängste und Wünsche und Bedürfnisse gesprochen werden könnte. Am Ende wäre eine völlig neue Ausgangsbasis für den weiteren

Unterricht gegeben, die notwendigen sachlichen Lehrstoffe würden sich viel leichter und reibungsloser vermitteln lassen und auch besser aufgenommen werden, und schließlich würde sich durch einen ehrlichen Prozeß klären lassen, wer sich weiterhin für diesen Beruf eignet und Vertrauen gewinnen kann und wer nicht. Das halte ich für würdevoller als beschämende Überprüfungen und Abwicklungen oder gar nur neue Lippenbekenntnisse.

Es gibt in der Kommunikation entscheidende Unterschiede zwischen Ost- und Westdeutschen, die in den Bereichen Aktivität-Passivität, Nähe-Distanz, Offenheit-Verschlossenheit, Direktheit-Indirektheit, im Selbstwertgefühl und der Selbstorganisation (Selbständigkeit-Abhängigkeit) deutlich werden. Nun wird meistens davon ausgegangen, daß die ostdeutschen Eigenschaften, die das Überleben im SED-Staat sicherten, nunmehr abzulegen und die westdeutschen Eigenschaften, die den Marktwert sichern sollen, zu übernehmen seien. Erstens funktioniert so ein Umsprung nicht ohne weiteres, zweitens ist dies demütigend, und drittens wird dabei unterstellt, daß der eine Pol der Eigenschaftspaare besser als der andere wäre. Ein verhängnisvoller Irrtum. Es geht um beide Seiten, um die Fähigkeit, zwischen den polaren Verhaltensweisen frei entscheiden zu können. Jede Festlegung auf ein bestimmtes Verhalten bringt Einengung und läßt das Leben erstarren. DDR-Verhalten ist für westdeutsches Leben ungeeignet. Das ist richtig, andersherum wäre diese Aussage ebenso treffend gewesen. Aber ist BRD-Verhalten für das Leben geeignet?

Mein Resümee

Die unglückliche Vereinigung wird aus mehreren Quellen gespeist: Wir tragen eine bittere Vergangenheit in uns, die unsere Seelen belastet und unsere Freiheit einschränkt. Die gewonnene äußere Freiheit an Menschenrechten besagt noch nichts darüber, wie wir sie zu nutzen und auszufüllen verstehen. Es gibt auch die Gefahr, nach außen zu expandieren und sich dabei erst recht zu verlieren – ein Leben mit »unbegrenzten« Möglichkeiten eignet sich auch zur Flucht vor dem inneren Gefängnis. Noch häufiger aber werden neue Zwänge gesucht, denen man sich ausliefern und unterwerfen kann, um gar nicht erst die Fesseln zu spüren, die dem spontanen Leben angelegt wurden (wer sich nicht bewegt, spürt die Ketten nicht!).

Mit der »Wende« sind Hoffnungen entfacht worden, die nicht allein durch die Befreiung von einem Unrechtssystem befriedigt werden können, sondern es sind dabei auch die ungestillten Bedürfnisse des inneren Mangels aktualisiert worden. Es bleibt eine tragische Illusion, diesen inneren Mangel durch äußere Fülle besänftigen zu wollen. Man kann sich daran höchstens berauschen und vollfressen, wird aber in der Regel mit einem »Kater« oder mit Erbrechen bestraft. Die anwachsenden Erkrankungen an Bulimie (Freß-Kotz-Sucht) und die vielfältigsten Süchte sind beredte Symptome dieser Entwicklung. Der Verlust der DDR hat die mühsam gebastelten Arrangements zur Beruhigung der inneren Not allesamt entwertet. Alle müssen sich neu orientieren. Darin liegen Chancen und Gefahren zugleich. Unsere Zukunft wird davon geprägt sein, ob wir uns jetzt nur neu arrangieren oder den schmerzlicheren und langwierigeren Weg grundsätzlicher Erneuerung annehmen wollen.

Es scheint so, als wenn sich Ost und West einig wären, den meisten Menschen eine neue pressende Form zu verpassen, an der sie leiden und über die sie fluchen können, doch damit auch vor tieferer Erkenntnis geschützt bleiben. Das Korsett, das uns im Moment geboten wird, macht zwar eine schöne Figur, doch es drückt und schmerzt und reibt, so daß viele Menschen stöhnen, und einigen wird sogar die Luft abgepreßt. Wir passen nicht in dieses Korsett, es ist nicht auf uns zugeschnitten, wir müssen es erweitern und verbessern, weil wir sonst ersticken, andererseits können wir aber auch nicht ohne weiteres ohne diesen schützenden Halt leben.

Seit der »Wende« sind in ganz Deutschland innere Bedürfnisse wieder aufgeglüht, die aber nicht mehr befriedigt werden können – es sind ungestillte Bedürfnisse unserer vergangenen Lebensgeschichte, die heute durch nichts mehr zu entschädigen sind, aber wir können sie aufspüren, uns bewußt machen, ihre Folgen verstehen und mit den entsprechenden Gefühlen verbinden, was erleichtern und klären würde. Dies ist ein Weg, die unglückliche Vereinigung Deutschlands in befriedigendere Bahnen zu lenken. Das bloße Ausagieren unserer inneren Not in äußeren Wohlstand macht uns nicht wirklich zufrieden und schafft neue und gefährliche, aber vermeidbare Probleme.

Solange der Osten nur verwestlicht werden will und soll, werden diese Probleme zunehmen. Demgegenüber will ich eine Humanisierung einklagen, die die Möglichkeiten verbessert, unser Leben wieder an wesentlichen Grundbedürfnissen zu orientieren. Nicht der Leistungsanspruch und wachsender Wohlstand sollten die Maximen unseres Lebens sein, sondern die Verbesserung unserer menschlichen Beziehungen. Der deutsche Vereinigungsprozeß macht deutlich, wie dringend eine Verbesserung der Strukturen unseres Zusammenlebens geworden ist, laßt uns diese Chance nutzen. Viel mehr als wir ahnten, sind wir uns Fremde in der Einheit. Wenn wir auf bloße Unterwerfung und Anpassung verzichten, uns nicht gegenseitig die Schuld zuweisen und unsere Verunsicherung nicht durch Vorurteile besänftigen, dann können wir aus unseren Unterschieden etwas für unsere Ganzheit gewinnen und gemeinsam um natürlichere Lebensformen ringen.

Könnten wir die deutsche Vereinigung als etwas begreifen, das uns mehr geschehen ist, als daß wir sie gezielt gewollt hätten, wir gewännen dadurch vielleicht mehr Verständnis für die umfassenden Probleme dieser Welt, die auch in Deutschland symptomatisch aufscheinen. Die globale Entwicklung nötigt uns eine Einheit auf, auf die wir nicht vorbereitet waren und die nicht das Ergebnis reiflicher Überlegungen und sorgfältiger Entscheidungsschritte ist. Mit der Spaltung Deutschlands haben wir uns weit auseinandergelebt, wir sprechen nicht mehr die gleiche Sprache. Wir waren jahrzehntelang verfeindete »Geschwister«. Eine Einheit der Menschen ist im Augenblick völlig unrealistisch. Es besteht keine Gleichwertigkeit und keine Chancengleichheit, die Erfahrungen und Orientierungen sind sehr unterschiedlich. Dagegen sind Verschiedenheit und Fremdheit in der Einheit real.

Dies alles zuzugeben, fällt uns schwer. Das Vereinigungsgeschehen wird sehr von psychosozialen Mechanismen geprägt, die der politischen Kontrolle längst entglitten sind. Die Politik hat größte Mühe, überhaupt noch hinterherzukommen. Es ist so, als wenn die Politik dem massenhaft angewachsenen irrationalen Ausagieren nachträglich die Legitimation erteilt. Dabei sind Produzieren und Konsumieren zum Maß aller Dinge geworden. Wir sind einer Sucht verfallen und gefährden damit unser

Leben. Wir stellen in einem Riesenausmaß wieder etwas her, was die meisten von uns schon längst in sich tragen: die durch Unterwerfung und Manipulation erfahrene Bedrohung des eigenen Lebens.

Es besteht jetzt eine große Chance, das so »erfolgreiche« Wirtschaften des Westens auch als einen Ausdruck des zwanghaften Wettkampfes in einem gefährlichen Ost-West-Spannungsfeld zu begreifen, der zu Ende ist und beide Seiten als Verlierer zurückläßt. In beiden Systemen war und ist die Anpassung an die bestehenden gesellschaftlichen Verhältnisse das wesentliche Ziel der Erziehung: Im Osten war man erfolgreich, wenn man seine Individualität vernachlässigte und den eher passiven Untertanen erlernte, der gefügig mittrottete und den Mächtigen möglichst keine Schwierigkeiten machte – im Westen ist man erfolgreich, wenn man seine Individualität pflegt und herauskehrt, wenn man »gut drauf« ist, sich aufmotzt, sich als erfolgreich darstellen und gut verkaufen kann. Es wird der eher aktive Untertan erlernt, dem eine eigene Meinung, demokratische Mitbestimmung und die Freiheit der Wahl aus einer Vielzahl von Möglichkeiten zugestanden wird, doch geregelt und manipuliert wird über den Markt und das liebe Geld.

So stehen sich die mehr Eingeschüchterten und mehr Aufgeblasenen unversöhnlich gegenüber und verstärken sich wechselseitig in ihren Fassaden: je gehemmter die einen, desto draufgängerischer die anderen – je arroganter die einen, desto selbstunsicherer die anderen. Wir brauchen keine Mauer mehr, sie lebt schon längst als innere Mauer, als eine psychologische Barriere in und zwischen den meisten Menschen fort. Diese Mauer trennt uns von unseren wirklichen Wünschen, Bedürfnissen und Gefühlen, und sie trennt die Menschen, die Entgegengesetztes lernen mußten, um ihr Innerstes zu vergessen. Das schließlich erlernte äußere Verhalten in der jeweils systemimmanenten Form soll vom Grundleiden, das beide vergleichbar erlitten haben und das sie eigentlich verbindet, ablenken.

Wie das innere Mangelsyndrom abgewehrt und kompensiert wird, wird vor allem in der Kindheit gelernt und damit entschieden, welche charakterlichen Eigenschaften ausgeprägt und welche anderen Möglichkeiten der Persönlichkeitsentwicklung unterdrückt werden. Dies zu verändern ist sehr schwer und gelingt auf keinen Fall von heute auf morgen und auch nicht ohne größeren Aufwand und ohne emotionale Betroffenheit.

Dagegen ist das Wendehals-Syndrom keine Charakterveränderung, sondern bei unveränderten Charaktereigenschaften werden nur neue Strukturen gesucht, in denen das gleiche, charakterlich festgelegte Verhalten fortgeführt werden kann – es wird also nur das äußere Ambiente verändert.

Die realpolitische Situation der deutschen Vereinigung verlangt jetzt von den Ostdeutschen, daß sie die Charaktereigenschaften der Westdeutschen erlernen. Dies braucht mindestens eine Generation. Man müßte der nächsten Generation die westliche Form der Entfremdung beibringen und hätte dann in etwa zwanzig Jahren die psychosozialen Voraussetzungen, damit die Menschen wie im Westen leben können und wollen. Zwar möchten die meisten schon heute so leben wie im Westen, doch ihnen war bisher nicht hinreichend erfahrbar, welche Nötigung im Denken, Fühlen und Handeln damit verbunden ist.

Aber die Ernüchterung schreitet jetzt rasant voran. Es steht zur Entscheidung, was die Menschen jetzt daraus machen. Entweder sie nehmen die Enttäuschung an, erkennen sich als eine verlorene Generation, schränken sich selbst und ihre Ersatzbedürfnisse ein und bemühen sich um den Aufbau für die nächste Generation. Der vorhandene Gefühlsstau müßte dabei aber unbedingt weiter unter Kontrolle gebracht werden. Oder aber die Enttäuschung ist so herb und die Bedrohung der eigenen Existenz so groß, daß sich Zorn und Schmerz entladen, und da dies aber nicht in einem geschützten Setting geschieht, wird es vor allem durch Gewalt ausagiert werden. Neue Feindbilder müssen dann her und der Wunsch nach einem »starken Mann« wird anwachsen. Die Bedrohung ist schon vorgezeichnet.

An unseren Grenzen stehen bereits Hunderttausende, die Asyl wollen. Es sind dies die Vorboten einer Flut, die unaufhörlich auf uns zurollt und die wir selbst mit verursacht haben. Mit unserem zerstörerischen Ersatzleben haben wir die Ungleichheit verschärft und die Armut verstärkt. Im Westen ist vor allem ein Schein des besseren Lebens produziert worden, der natürlich eine suggestive Faszination ausübt auf alle Menschen in realer Existenznot, aber auch schon bei seelischem Mangel. Wir Ostdeutschen haben das Letztere eben erst bestätigt. Soeben haben wir um Asyl gebeten, haben unser bisheriges Leben aufgegeben und leben im Moment im wesentlichen von den westdeutschen Steuergeldern (etwa 2/3 unseres Sozialproduktes sind gepumpt!). Es ist noch offen, wohin uns das führen wird, selbst der Rücktritt des Präsidenten der Deutschen Bundesbank, Karl Otto Pöhl, hat wenig Nachdenklichkeit bewirkt. Und schon stehen die nächsten Asylbewerber an unseren Grenzen, und wir werden daran ersticken, wenn wir unser Leben so wie bisher fortsetzen wollen. Wir können uns einmauern und den »Schießbefehl« umdrehen, das wird unser moralisches und später auch physisches Ende einläuten. Oder wir denken ernsthaft um.

Wir Ostdeutschen könnten dabei eine wichtige Rolle spielen, denn wenn wir ganz ehrlich sind, verstehen wir die Asylbewerber, sie sind wie wir. Und wir müssen im

Moment mit Bitterkeit begreifen, wie gnadenlos die menschlichen Bedürfnisse den wirtschaftlichen Zwängen untergeordnet werden.

Die Erkenntnisleistung, die uns abverlangt wird, ist beträchtlich. Es ist wahr, daß wir aus einer ungesunden Infantilisierung, Abhängigkeit und falschen »Fürsorge« der harten Lebensrealität entfremdet wurden. Aber die westliche Lebensart ist dagegen bemüht, vor dieser Wirklichkeit in eine Scheinwelt der Sicherheit (eine Welt der »Versicherungen«) zu fliehen, die aus diesem Grunde auch einen Überfluß produziert, der unsere Zukunft belastet und das Gleichgewicht auf dieser Welt zerstört.

Es hat sich längst gezeigt, daß der Reichtum des Westens die Armut auf dieser Welt nicht dämpft, sondern vermehrt. Die ganze Entwicklungshilfe ist nur ein Feigenblatt für die Ausbeutung und vor allem für die Fehlorientierung der Menschen, für die Illusion einer Erlösung aus Not und Elend. Würde es in Südamerika, Afrika und Asien tatsächlich nur einem Menschen helfen, wenn wir hier anders lebten? Dies erscheint vielen sicher als absurd. Doch schauen wir auf Deutschland. Die bedrohlichen, selbsterzeugten Probleme der ehemaligen DDR werden durch die Vereinigungspolitik nicht nur verdeutlicht – wie manche behaupten –, sondern durch die Wirtschafts- und Währungsunion entscheidend verschärft. Wir sind auf den Weltmarkt geworfen und nicht wettbewerbsfähig. Und wenn wir dies noch schaffen sollten, sind die nächsten Opfer dran. Oder kann mir jemand eine Marktwirtschaft plausibel machen, die allen wachsenden Wohlstand ermöglicht? Nein, wir brauchen ein radikales Umdenken, das ein menschlicheres Zusammenleben zum Ziel hat, die psychosozialen Grundbedürfnisse besser erkennen läßt und befriedigen lehrt und damit die Wachstums- und Wohlstandsspirale aufzugeben ermöglicht. Das äußere Wachstum ist schon längst begrenzt, das innere Wachstum ist grenzenlos. Größere innere Zufriedenheit wird zwar keinen hungrigen Magen stillen, aber die Bereitschaft und Fähigkeit zur gerechteren Verteilung kann wachsen. Die innere Unzufriedenheit ist dagegen eine Quelle für die Sucht nach Luxus und für eine irrationale Rüstung, die die innere Bedrohung nach außen ablenken will.

Der Prozeß der deutschen Vereinigung hat für mich deutlich gemacht, daß Politik und Wirtschaft nicht mehr den menschlichen Bedürfnissen folgen, sondern daß entfremdete Menschen mit Ersatzbedürfnissen das gesellschaftliche Leben bestimmen, das kann zu unserem Verhängnis werden.

An der Diagnose unseres Dilemmas habe ich wenig Zweifel, und ich wäre ein Tor, wollte ich die Lehren aus zwei aufeinanderfolgenden, höchst abnormen totalitären Gesellschaftssystemen, die die Geschichte der Deutschen belasten, nicht begreifen. Doch welche »Therapie« ist denkbar und realistisch machbar? Ich sehe kein glaubhaftes Konzept dafür. Aber ich bin überzeugt, daß die sozialpsychologische Dimension unseres Lebens einen entscheidenden Schlüssel dafür liefert, und ich halte es für geboten, diese Dimension in Politik und Wirtschaft zu integrieren.

Die Spaltung Deutschlands hatte nicht nur die Nation geteilt, sondern auch den Menschen Gelegenheit verschafft, wichtige, aber schwer zu akzeptierende Anteile ihres seelischen und sozialen Lebens abzuspalten. Daraus wuchsen die wechselseitigen Feindbilder und Vorurteile. So wurden das Böse und das in der jeweiligen Gesellschaft nicht Lebbare projektiv über die Grenzen phantasiert. Mit der Grenzöffnung stehen wir wieder ungehindert unseren Abspaltungen gegenüber. Wir sind in Ost und West konfrontiert mit den seelischen Inhalten, die uns Angst machen und Schmerz bereiten. Es sind die verpönten, tabuisierten, verachteten Eigenschaften: Vor allem unsere Schuld, unser Versagen, unsere Grenzen – so auch Ohnmacht und Schwäche auf der einen Seite und Durchsetzungsfähigkeit und individuelle Stärke auf der anderen Seite. So bietet die Vereinigung eine großartige Chance für Heil-Werden und Ganz-Sein, wenn wir zur Integration fähig wären oder uns darum bemühen würden. Doch dies geschieht kaum, statt dessen sind wir beherrscht von einem schon entschiedenen Konkurrenzkampf.

Gemäß dem dualistischen Entweder-Oder-Verständnis der abendländischen Kultur müssen die Menschen in der ehemaligen DDR alles vergessen und aufgeben, was ihr bisheriges Leben bestimmt hat. Und die Menschen in der ehemaligen Bundesrepublik werden bestärkt in der angeblichen Richtigkeit ihrer Lebensweise. Ein Sowohl-als-auch der unterschiedlichen Erfahrungen und Sozialisationen wird auf beiden Seiten nicht gewollt. Wir bekommen alles oder nichts. (»Ihr habt es ja so gewollt, nun müßt Ihr auch alle Konsequenzen tragen!« – ist der fast schadenfrohe Ausdruck der gestauten Aggressivität eines entfremdeten Wohlstandslebens.)

So beherrscht das abgrenzende, sich-ausschließende Konkurrenzprinzip die deutsche Einheit. Die neue Macht kommt uns in missionarischer und gewinnorientierter Konkurrenz entgegen. Die mögliche Kooperation wird vermieden. Dafür werden vor allem Sachzwänge angegeben. Zur Kooperation würde eigene Offenheit und Wertschätzung des Anderen und Fremden gehören, aber damit müßte man sich selbst begegnen. Dann stünde nicht nur das Duckmäusertum am Pranger, sondern auch die Freiheitsvorstellung der westlichen Kultur stünde zur Disposition. Die gefeierten Menschenrechte, die immer mehr zum isolierten und einsamen Individuum geführt haben, das sich auch noch im verzehrenden Wettkampf erschöpft, würden ihres Glanzes beraubt. Und wir wissen doch längst, daß der egoistische Erwerbstrieb, der die Marktwirtschaft in Gang hält, nicht ausreicht, um ein sinnerfülltes Leben zu führen.

Auch wenn dieses Leben äußerlich wohlhabend und mit allen unbegrenzten Möglichkeiten geführt werden kann, liegt die wirklich befreiende Zufriedenheit nur im inneren Reichtum und der Beziehungsfähigkeit. Dazu aber gehört unweigerlich die Integration abgespaltener Persönlichkeitsanteile, denn solange wir wichtige Bereiche unseres Lebens von uns fern halten, müssen wir wirkliche Beziehungen scheuen, weil in ihnen unweigerlich die Geheimnisse und Verletzungen der Seele offenbart würden. Solange wir Integration und Kooperation vermeiden, wird die deutsche Einheit eine unglückliche bleiben, die Unterwerfung, Abspaltungen, Abgrenzung oder Verschmelzung, Feindseligkeit und Gewalt erzeugt.

Was wir dringend brauchen, ist der Mut, unsere mangelnde Ganzheit zu erleiden, unsere Abhängigkeit von natürlichen Prozessen und sozialer Bezogenheit zu akzeptieren, um gemeinsam die lebenszerstörenden Komponenten unseres Lebens zu vermindern. Wenn wir begreifen, daß es nicht um Sieg und Niederlage eines Gesellschaftssystems geht, daß der Zusammenbruch des sozialistischen Imperiums letztlich das Symptom eines gnadenlosen Konkurrierens ist, dann können wir beginnen, Entscheidungen herbeizuführen, um die Politik und Wirtschaft zu lebensfördernden Formen umzugestalten.